社会治理与现代公益研究论丛

新时代妇女服务研究与评估

梁昆 高丽 等 著

华东理工大学出版社
EAST CHINA UNIVERSITY OF SCIENCE AND TECHNOLOGY PRESS
·上海·

图书在版编目(CIP)数据

新时代妇女服务研究与评估 / 梁昆等著. —上海：华东理工大学出版社，2022.11

ISBN 978-7-5628-6347-2

Ⅰ.①新… Ⅱ.①梁… Ⅲ.①妇女工作-研究-中国 Ⅳ.①D442.6

中国版本图书馆 CIP 数据核字(2022)第 202729 号

策划编辑 / 刘　军
责任编辑 / 牟小林
责任校对 / 张　波
装帧设计 / 居慧娜
出版发行 / 华东理工大学出版社有限公司
地址：上海市梅陇路 130 号，200237
电话：021-64250306
网址：www.ecustpress.cn
邮箱：zongbianban@ecustpress.cn
印　　刷 / 杭州日报报业集团盛元印务有限公司
开　　本 / 710 mm×1000 mm　1/16
印　　张 / 12.75
字　　数 / 179 千字
版　　次 / 2022 年 11 月第 1 版
印　　次 / 2022 年 11 月第 1 次
定　　价 / 168.00 元

基层治理体系和治理能力现代化研究书系

上海学术·专业出版中心

社会工作与社会治理出版中心

荣誉出品

社会治理与现代公益研究论丛

谨以此书献给现代公益组织研究与评估中心的创办人徐永祥教授和赵环博士。

本书为国家社科基金重大项目“中国特色社会体制改革与社会治理创新”(项目批准号：16ZDA078)、国家社科基金青年项目“目标导向的社会服务项目成效测评研究”(项目批准号：19CSH063)的阶段性成果。

论 丛 总 序

“起了个大早，赶了个晚集。”用这句话来形容我们现代公益组织研究与评估中心（以下简称“评估中心”）十多年来的发展历程，虽非十分妥当，但也有几分道理。评估中心自2010年成立以来，先后在珠三角地区和长三角地区成立了六家以从事公益组织研究与评估为主业的民办非企业单位，承接了数百个国家及省市级项目，项目执行地覆盖广东、广西、海南、上海、浙江、江苏、山东、湖南、陕西、内蒙古、西藏和新疆等多个省、自治区、直辖市。与此同时，评估中心制定的许多评估标准也被各地同行借鉴，产生了积极的社会影响。然而令人遗憾的是，多年来，以评估中心名义发表或出版的研究成果屈指可数，正式推出的标准化产品也寥寥无几。作为一家依托高校而成立的研究型社会组织，评估中心的这一状况既无法令人满意，也有悖于评估中心“打造研究引领型民间智库”的使命。

评估中心目前发展中的问题既是由于我们不够勤勉所致，也有我们过分追求完美的原因。面对一篇写就的文章、一本成型的书稿、一套完整的评估标准，我们还是经常犹豫再三，担心不够好，不敢贸然推出，以致一拖再拖，最终不了了之。一些同行起步虽比我们晚，但后来居上，反而占据了影响力的高地。好的成果、好的产品的确需要时间打磨，但时间常常不等人，我们也应敢于呈现不完善的作品，或者说阶段性的成果，然后在争议乃至批评中不断完善。当然，这并不意味着我们要急功冒进，只关心产量，不关心质量。我们要争取推出的是一定时期内最优的作品，换句话说，我们要推出的一定是诚意之作。

《社会治理与现代公益研究论丛》便是我们推出的诚意之作。近几年来，为了摆脱单一评估业务的束缚，评估中心做了许多有益的尝试，这些尝试既包括承接不同领域的研究规划类课题，也包括开展能力建设类项目、执行孵化托管类项目，还包括评估模式的迭代、评估技术的输出等。心理学家把人的知识和技能分为层层嵌套的三个圆形区域：最内一层是"舒适区"，是我们已经熟练掌握的各种知识和技能；最外一层是"恐慌区"，是我们暂时无法学会的知识与技能；两者中间则是"学习区"。正如您从这套丛书中所看到的，评估中心正在走出"舒适区"，走入"学习区"，从而不断磨炼自己的新技能，打造自己的新本领，展现出新的面貌。

在这套丛书出版之际，我们衷心感谢关心和支持评估中心发展的各界同人，愿我们继续一起携手，致力社会创新，服务公益事业。

《社会治理与现代公益研究论丛》编委会

前　言

改革开放以来，党的群团工作发生了很大变化。群团事业作为党的事业的重要组成部分，日渐凸显的“机关化、行政化、贵族化、娱乐化”特征使其难以发挥应然的功能属性，因而加强和改进群团工作、深入推进群团组织改革已然成为全面深化改革的重要任务之一。为进一步加强和改进新的历史时期党的群团工作，科学总结中国特色社会主义群团发展道路，更好地发挥群团组织作用、推动群团组织改革创新，《关于加强和改进党的群团工作的意见》于 2015 年出台，这是指导和推动党的群团工作不断开创新局面的纲领性文件。2015 年 7 月，习近平总书记在中央党的群团工作会议上发表重要讲话，强调“工会、共青团、妇联等群团组织一定要坚持解放思想、改革创新、锐意进取、扎实苦干，切实保持和增强党的群团工作和群团组织的政治性、先进性、群众性”，“努力开创党的群团工作新局面”。在新时代下，面对人民群众对美好生活的向往与需要，十九大报告对党的群团工作进一步提出，要“增强群众工作本领，创新群众工作体制机制和方式方法，推动工会、共青团、妇联等群团组织增强政治性、先进性、群众性”。由此，如何进一步深化组织改革、促进传统职能转变与工作方式创新、着力发挥党政与群众之间的桥梁纽带作用，使群团组织成为推进国家治理体系和治理能力现代化的重要力量，值得我们探索和思考。

近年来，为进一步深化妇联组织改革创新，有力推动妇女儿童家庭事业发展，部分地区的妇联组织积极转变传统的思维模式与服务方法，积极“走出去”“引进来”：一方面，通过一系列措施持续深化自身的组织改革实践，创新服务群众的方式方法，并结合多元化需求建立健全专业性、恰适性的服务机制；另一方面，也持续加强与外部力量的联手、联动，获得来自政府、基金会、社会服务机构等多主体力量的协力支持，这对加强和推进妇联自身改革、扩展服务覆盖面、提升专业服务能力、践行服务型治理理念等具有重要意义。

为全面呈现新时代下妇联组织改革、妇女服务发展取得的显著成果，本书以评估中心近几年承接的多个评估项目、研究课题为主要内容，结合一系列评估结论与研究发现，多角度地呈现各地，特别是广东和上海地区在深化组织改革实践、促进女性增能发展、推动妇女儿童家庭服务等方面取得的现实成果。这既是对粤、沪地区妇联改革与妇女发展实践一部分经验的总结，可以为其他地区的群团改革提供一定的借鉴和参考，推动妇联组织更好地参与社会治理创新，也是对既有改革实践与妇女儿童事业发展现实的深入反思，可以为后期进一步深化群团组织改革、有效发挥妇联组织的群众性功能、推动新时代妇女服务高质量发展提供可能的发展方向。

目　　录

集思公益创投模式研究

“集思公益 幸福广东”——支持妇女计划(以下简称“集思公益计划”)是由广东省人民政府与李嘉诚基金会于 2012 年 10 月共同出资启动的大型创新公益项目,也是在借鉴香港特区“香港仁 爱香港”项目经验基础上的一次重大本土改造与创新。

本研究旨在对历经 3 年实践的集思公益计划进行分析研究,探讨其创投模式。在分析框架方面,本研究建立了基于结构功能论来探讨集思公益创投模式的整体架构,使用了基于逻辑模型的分析视角来考察集思公益计划的实践效果;在具体研究方法方面,则采用了文献分析和实地调查相结合的方法。

研究发现,集思公益创投模式的整体架构包括既相对独立又有序联结、相互依存的五个子系统——资金筹措系统、统筹协调系统、项目甄选系统、服务执行系统及项目反馈系统,客观上形成了一种政府购买服务的新路径、新类型。

集思公益创投模式的运行特点包括通过民间投入与政府资金的配套,增强资源效能;通过宣传与动员,让公众深度参与从决策到实施的全过程;通过引入竞争机制,激发社会组织活力,促进相关领域社会组织的成长;充分发挥妇联的枢纽作用，强化群团组织的服务和整合功能；充分利用信息化手段在公益推广和社会问责方面的优势，注重品牌的创建与维护。

就效果而言，集思公益计划有效回应了广东地区妇女社会组织的具体需求，在一定程度上解决了公共服务供给不足、发展不平衡的问题，有效激发了妇女群体，特别是弱势妇女群体的能力，有效增强了公民的参与意识和动力。

就可推广性而言，作为一个省级大型公益项目，集思公益计划的良好实施效果在省内社会经济发展水平差异较大的不同地区均得到了验证，也在不同类型的妇女群体中得到了验证。也就是说，该计划不仅具有较高的“地域”可推广性，也具有较高的“人群”可推广性。

我们认为，集思公益创投模式不仅是具有鲜明特色的大型公益项目运作模式，也是激发社会活力、培育社会组织、创新社会治理的新探索；不仅是政府参与的公益创投活动形式，也是围绕民生需求、建设服务型政府的新尝试；不仅是群团组织全程参与的公益项目运作机制，也是妇联组织在新形势下加强和推进自身改革、切实增强自身群众性、主动联系和服务广大妇女群众、强化服务意识、提升服务能力、挖掘服务资源、践行服务治理的新举措。

本研究还提出了进一步完善集思公益创投模式的若干建议，主要包括：优化项目决策机制，建立以票决为主、评选为辅的项目遴选方式；优化配套培训增能机制，提高社会组织的项目运作能力；优化配套督导机制，提升社会组织的项目服务水平；优化协同参与机制，提升基层群团组织及其工作人员的专业化水平；优化资助方式，建立常态化的政府和社会资本合作机制。

第一节　研究背景

党的十八大以来，将社会组织作为公共服务提供的主体之一，以此进一步推动政府职能转变、改善公共服务，已逐渐成为一项制度共识。随着《国务院办公厅关于政府向社会力量购买服务的指导意见》《关于支持和规范社会组织承接政府购买服务的通知》等一系列文件相继出台，各地政府向社会组织购买服务的探索与实践方兴未艾。

在大力推动政府购买社会组织服务的背景下，近年来相关研究层出不穷。已有研究引介了政府购买服务的国际经验（常江，2014；罗观翠、王军芳，2008；王浦劬、莱斯特·M.萨拉蒙，2010），解析了政府购买服务的结构动因（唐钧，2015），讨论了政府购买服务的理论基础（胡薇，2012；许小玲，2012）；或分析政府购买服务的实践模式（韩俊魁，2009；张海、范斌，2013），并探讨政府购买服务的发展路径与机制创新（李一宁、金世斌、吴国玖，2015；徐家良、赵挺，2013）。其中，一些研究开始集中关注“公益创投”这一既注重激活社会资源、利用社会资本参与政府购买服务，又注重提升社会组织承接政府购买服务能力的新形式（傅金鹏，2013；冯元、岳耀蒙，2013；冯元，2014；刘志阳、邱舒敏，2014；万军、李筱婧，2010；汪忠、朱昶阳、曾德明等，2011；岳金柱，2010）。所谓公益创投，通常是指将风险投资的理念与工具用于公益慈善事业，为初创期和中小型的公益社会组织提供资金和非资金的支持，以产生社会效应的方法，这是一种新型的公益资本投入方式（李健、唐娟，2014；岳金柱，2010）。然而，通过文献回顾，我们发现以往的研究主要侧重于对公益创投这一政府购买服务的新形式进行理论考察和宏观分析，除个别研究（崔光胜、耿静，2015；林敏华、董克难，2015），鲜有实证研究结合某一个具体的公益创投项目，对我国本土化的公益创投探索与实践进行系统、深入而细致的考察。值得欣喜的是，由广东省人民政府与李嘉诚基金会于 2012 年 10 月共同出资启动的大型创新公益项目——集思公益计划则为我们提供了开展此类研究的可贵范例。

该计划分两期执行，第一期资助 88 个项目，第二期资助 89 个项目。此外，为了支持更多优秀的项目，李嘉诚基金会还额外拨款，从落选的项目中筛选、资助了 29 个项目。

集思公益计划旨在通过联结政府与社会慈善资源，培育支持社会组织，开拓社会服务空间，为广东妇女群体提供多元服务，引领众多社会组织加入推动妇女发展的行列；通过“网络申请—专家甄选—公众投票—第三方检查”的公益创投模式，激发广大民众的公益创意，凝聚社区关怀，共同关注并推动妇女发展，倡导公益慈善全民参与的新模式。

有鉴于此，本研究的研究目的如下：第一，系统梳理当前政府购买服务的不同方式以及政府参与公益创投的不同模式，从理论上定位集思公益计划蕴含的公益创投新模式；第二，深入探讨集思公益创投模式之于改进政府购买服务方式、推动社会治理创新的借鉴意义；第三，具体呈现集思公益计划的实际运作情况，总结、提炼集思公益创投模式的运作理念、运作逻辑、运作架构、运作流程、运作成效及社会影响；第四，全面总结集思公益创投模式在公众参与、公益推广、组织途径、管理方法等方面的创新之处；第五，集中阐述妇联发挥的作用，特别是对参与项目的相关社会组织的政治引领、示范带动、联系服务等作用。

本研究致力于对集思公益计划蕴含的公益创投新模式进行详细考察，其研究意义体现在以下几点：其一，可以弥补以往研究主要侧重于理论检视或宏观分析的不足，有助于从微观和宏观两个层面对我国公益创投实践进行考察，总结和提炼公益创投的新模式；其二，通过对集思公益创投模式的探索性、创造性实践及其经验进行总结，特别是通过对公众参与、公益推广、组织途径、管理方法等方面的经验进行总结，可以为政府改进购买公共服务的方式提供借鉴；其三，通过对集思公益创投模式的设计、运作、产出、成效和影响进行考察，有助于推动政府相关部门更新妇女服务的理念，探索、引导、培育妇女儿童领域社会组织的新思路和新途径，总结激发社会力量、整合社会资源参与妇女儿童工作的新经验和新方法。

第二节　分析框架与研究方法

为了较为深入地分析集思公益创投模式、较为系统地评估集思公益计划的绩效，在借鉴已有相关研究的基础上，本研究采用了具有自身特点的分析框架与研究方法。研究者使用基于结构功能论的分析框架，探索集思公益创投模式的整体架构；使用基于逻辑模型的理论视角来考察集思公益创投模式的实践效果。就具体研究方法而言，本研究采用了文献分析和实地调查相结合的方法，对一手资料和二手资料进行了比较综合、全面的收集和分析。

一、分析框架

（一）基于结构功能论的分析框架

本研究采用结构功能论对集思公益创投模式的整体架构与各部分的功能进行深入而详细的分析（见图 1）。结构功能论或结构功能主义是现代西方社会学中一个主要的理论流派，它关注的焦点是社会结构及其功能。

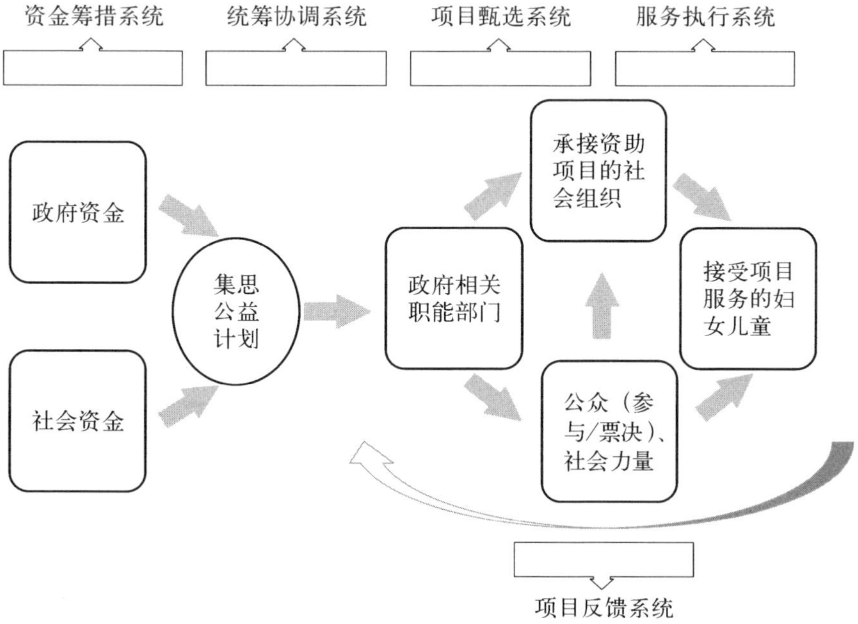

图 1　基于结构功能论的分析框架

之所以采用基于结构功能论的分析框架来探讨集思公益创投模式的架构，是因为集思公益创投模式是一个非常复杂的实施系统，构成实施系统的各部分之间既相互独立又有序联系，并发挥必要的功能，这一运作逻辑与结构功能论的思路不谋而合。

该分析框架认为，集思公益创投模式的整体架构可以分为相互独立而又有序联系、相互依存的五个子系统：资金筹措系统、统筹协调系统、项目甄选系统、服务执行系统、项目反馈系统，每个子系统都发挥着一定的功能。

（二）基于逻辑模型的实践效果分析框架

本研究采用逻辑模型对集思公益计划产生的效果和社会影响进行总结，其主要目的在于：一是评价集思公益计划的效果和社会影响；二是以此为基础，验证集思公益创投模式的实践效果。

逻辑模型是一种在项目计划和评估领域被广泛采用的，用于项目开发和绩效评估的工具（McLaughlin and Jordan，1999）。由于它呈现了处境、投入、产出、结果、影响之间循序渐进并环环相扣的逻辑关系，因而被称为逻辑模型。

如图 2 所示，在逻辑模型中，“处境”描述的是当前面临的问题或需要改变的现状，是考察项目是否产生效果的基线。“投入”指的是项目中人力、财力等方面的投入。“产出”指的是项目活动生产出的产品或完成的工作。“结果”集中关注的是项目服务对象产生的变化，既包括意识、知识、态度、观念、动机等方面的变化，也包括行为、实践等方面的变化；既包括变化的程度，也包括变化的性质。“影响”主要关注的是项目实施之后，服务对象所处环境发生的变化。“外部影响因素”包括可能对项目效果产生影响的机构、社区和公共政策等。

在本研究中，由于焦点不是集思公益计划的产出评估，而是集思公益创投模式的实践效果，因而集思公益计划的处境、结果及影响将是我们主要考察的内容（见图 3）。

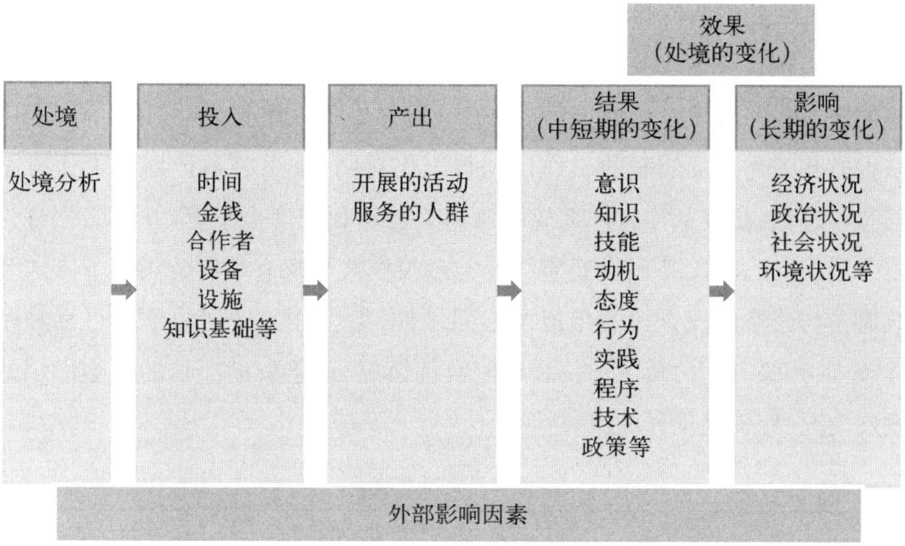

图 2　逻辑模型①

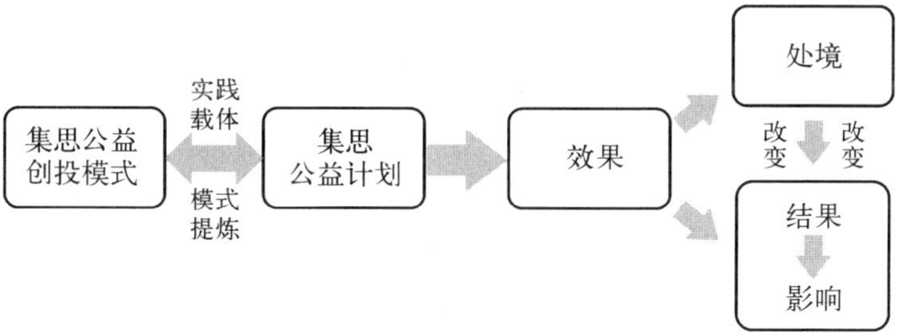

图 3　基于逻辑模型的分析框架

二、研究方法

（一）文献分析

值得一提的是，集思公益计划自启动以来，积累了大量的文献资料，这为我们进行文献研究创造了有利条件。

① 该模型参考了以下文章：MILLAR A，SIMEONE R，CARNEVALE J T. Logic models：a systems tool for performance management[J]. Evaluation and Program Planning，2001，24(1)：73－81.

根据课题的研究目的和主要研究内容，我们有针对性地收集了近年来中央和广东省有关社会建设的文件、有关政府购买服务方式和政府参与公益创投方式的政策及研究文献、广东省妇女儿童工作委员会（以下简称“广东省妇儿工委”）及妇联的工作计划与工作总结、集思公益计划的工作方案与工作总结、获资助项目评选规则及相关运作和管理方案等，并将其划分为三个层次（见表1），系统分析集思公益创投模式与现有政府购买服务方式和政府参与公益创投方式的相似及不同之处、集思公益计划的预期目标和整体架构、相关方面的角色定位和功能实现情况、承接资助项目的社会组织的发展情况、获资助项目的执行情况和执行效果等。

表1　文献分类

宏观层面的文献	近年来中央和广东省有关社会建设的文件； 有关政府购买服务的政策文件与研究文献
中观层面的文献	广东开展集思公益计划的相关资料
微观层面的文献	获资助项目的具体资料； 承接获资助项目的社会组织的具体资料

（二）实地调查

通过深入而全面的实地调查，我们可以获得丰富、生动、具体、详细的资料，有助于在开展研究时深入把握集思公益创投模式的运作理念、运作逻辑、运作架构、运作流程、运作绩效和社会影响。

为了在实地调查的过程中更加全面、细致地收集资料，同时也为了节约时间，并减少调查对象的时间和精力投入，我们组建了实地调查小组，以便开展调查。实地调查主要分为两个阶段进行：

第一个阶段：实地调查小组于2015年3月9日至11日对随机抽取的、获第一期资助的9个项目组进行了实地走访。实地调查小组采用半结构化访谈的形式，通过个别访谈或集体座谈，对项目服务对象代表、承接项目的社会组织代表、项目实施所处地江门市、佛山市顺德区、东莞市、湛江市、茂名市的相关职能部门的代表进行了访谈。其中，对服务对象代表的访谈以直接的面对面访谈或座谈为主，并对少部分不方便面谈的服务对象代表进行电话访谈。通过这些访谈，实地调查小组了解了集思公益计划产生的实际成效和影响、承接资助项目的社会组织的发展情况、服务对象的改变情况。2015 年 3 月 12 日至 20 日，实地调查小组还对集思公益计划项目办公室（以下简称“项目办”）、李嘉诚基金会、广东省社会组织管理局、广东省财政厅、广东省社会工作委员会（以下简称“广东省社工委”）、中国移动通信集团有限公司广东分公司（以下简称“中国移动广东分公司”）及甄选专家小组代表进行了访谈。在访谈开始前，实地调查小组征求了访谈对象对录音的意见，并宣读了《录音保密义务声明》，在取得访谈对象的同意之后进行录音，之后迅速整理了录音资料。

第二个阶段：实地调查小组于 2015 年 5 月 18 日至 22 日兵分两路，同时对深圳市、惠州市、梅州市、潮州市、汕头市、广州市、东莞市、中山市、江门市、湛江市的妇联主管领导、集思公益计划的联络员进行了访谈，并采用随机抽样的方式，抽取获第二期资助的 10 个项目组、获特别资助的 7 个项目组进行实地考察，对项目服务对象代表、承接项目的社会组织代表进行访谈。其中，对项目服务对象代表的调查以直接的面对面访谈或座谈为主，辅之以电话访谈。实地调查小组采用半结构化访谈的形式，了解相关各方的角色定位和功能实现情况、集思公益计划产生的实际成效和影响、承接资助项目的社会组织的发展情况、服务对象的改变情况，并考察集思公益创投模式在公众参与、公益推广、组织途径、管理方法等方面的经验创新，以及在培育社会组织、促进妇女发展等方面的社会效益，在改进政府购买服务方式、推动社会治理创新等方面的借鉴意义。与此同时，实地调查小组还对集思公益计划的评估团队进行了访谈，共同梳理了集思公益计划的运作理念、思路、架构、过程、绩效和影响。在访谈开始前，实地调查小组征求了每位访谈对象对访谈录音的意见，并宣读了《录音保密义务声明》，在取得访谈对象的同意之后进行录音，并对访谈录音进行了整理；对于少部分不同意录音的访谈对象，实地调查小组即时记录访谈笔记，并在访谈结束后立即进行整理。

从实地调查的抽样比例来看，第一期资助 88 个项目，从中抽取 9 个，抽样比例约为 10%；第二期资助 89 个项目，从中抽取 10 个，抽样比例约为 11%；特别资助 29 个项目，从中抽取 7 个，抽样比例约为 24%。通过汇总得出，不含特别资助项目的项目总数为 177 个，抽样比例约为 11%；含特别资助项目的项目总数为 206 个，抽样比例约为 13%。所抽中的项目样本涵盖深圳市、惠州市、梅州市、潮州市、汕头市、广州市、东莞市、中山市、江门市、湛江市、茂名市及佛山市顺德区。

在获得原始资料之后，我们对资料进行了分类、描述、综合与归纳，并按照研究内容的主题，对具体的、丰富的、生动的资料进行了编码分类，从中归纳出相关的概念、关系和模式。

第三节　集思公益创投模式的结构-功能分析

一、集思公益创投模式的类型学分析

模式，其原义指事物的标准样式，在社会科学中则指研究对象在一定周期内重复发生并稳定下来的，具备一定内部逻辑的行动方式。当研究对象可被视为一个内部构造复杂的“有机体”时，“模式”就等同于“机制”。

在本研究中，我们将集思公益计划视为一个回路完整的系统，即“人造有机体”，从系统论的角度对其进行剖析，呈现其运作的全貌和关键节点。

（一）集思公益创投模式的功能模型

结构功能主义的代表学者帕森斯（2003）认为，任何有机系统为了保证其本身的存在、持续以及有效性，都必须使自身满足一定的“条件”①，以达到某种“功能要求”。在帕森斯看来，实现某种特定功能要求的条件、手段和结

① 在帕森斯看来，这种“条件”（又被称为“结构”）是指偶然或刻意产生的，存在于系统内部的物理结构、化学反应发生所需的空间、信息交换渠道抑或某种器官。

构是多种多样的，并且是在进化过程中不断变化的。

因此，在一般意义上，帕森斯概括出了四种必要功能：第一种是适应功能，即任何系统都需要确保自身能够从外部环境中获得所需的资源，并在系统内的不同层级间进行调配；第二种是目标达成功能，即能够制定该系统的目标并确立各种目标间的主次、优先秩序，同时赋予各子系统不同的功能；第三种是整合功能，即组织协调各子系统作为一个整体去实现目标；第四种是模式维持功能，即能够维持系统的基本价值观和运作模式，处理系统内部的紧张和衰败问题。由这四种功能搭建的分析架构通常被简称为“A-G-I-L”模型。

基于集思公益计划几年来的实践以及沉淀下来的经验材料，我们将集思公益计划的“A-G-I-L”模型扩展为四个子系统。

一是发挥适应功能的资金筹措系统，即集思公益计划需要优先解决各项目的经费来源问题，并将经费合理分配下去。

二是发挥目标达成功能的统筹协调系统和项目甄选系统。集思公益计划为了践行其存在的理念、使命与价值，一方面需要在不同行动层面上设定目标，另一方面也需要搭建起实现目标的组织载体。因此，集思公益计划分化出统筹协调系统，以确保整个计划的顺利实施、贯彻，同时又分化出项目甄选系统，使得各项目目标合理化；

三是发挥整合功能的服务执行系统。集思公益计划的目标是培育本土妇女儿童类社会组织，为广东的妇女儿童提供更多元的服务。为实现这一目标，需要建立一套完整的服务执行系统。这一子系统既要包括服务供给（产出）机制，也要包括统筹各项目产出的项目管理制度。

四是发挥模式维持功能的项目反馈系统。新制度主义认为，任何制度或系统在运作过程中都有可能面临“执行阻滞”，即正式制度与非正式行为的脱离，造成组织运作过程中出现偏离和目标替换。因此，为保证集思公益计划在一定时间段内的正常运作，并且最大限度地按照制度规范实现目标，就需要建立一套项目反馈系统来贯彻项目的各个环节，尽最大可能联结系统成员，反映各部分的意志，实现系统内部的信息通畅。

（二）集思公益创投模式的模式变项与理想类型

任何组织行为和形态都是可以类型化的。类型化的目的在于探清不同行动、状态、模式之间的本质区别，并作为评判的标准。作为一种方法论层面的概念分析工具，理想类型"并不是指道德理想，也不是指平均状态"，而是指能体现研究者"价值关联"与问题意识的概念结构。实际上，任何社会行动与观念都与研究者建构出的理想类型有一定的距离，但是理想类型的极端属性使我们更容易挖掘出隐藏在社会现实表面之下的细微差距。

除了"A-G-I-L"模型，帕森斯还提出过著名的模式变项理论。他充分借鉴韦伯、马克思、滕尼斯等早期社会学家用"理想类型"建构自身理论的方法，从五个方面呈现了组织行动者所面临的重要抉择。他认为，在每一项制度设计、每一种社会关系建立、每一次组织行为发生时，组织行动者都需要面临"抉择"，这些"抉择"的形式、内容和数量虽然是不固定的，但是所有"抉择"都沿着某一条线排列着，这条线的两端可以构成对立统一的逻辑范畴，各种逻辑范畴交叉，便形成了"理想类型"。在本研究中，我们从筹资形式、组织形态、目标设定、制度化和自我纠错五个维度出发，建构出五对范畴，搭建当前政府购买社会组织服务机制的理想类型，以此呈现和比较当前各种购买服务运作模式的异同。

这五对范畴分别为：在筹资形式上，"单一排他"与"多元竞争"；在组织形态上，"纵深结构"与"扁平管理"；在目标设定上，"专家系统"与"公众参与"；在制度化方面，"粗放"与"集约"；在自我纠错方面，"以问责为中心"与"以绩效为中心"。按照理想的情况，我们可以将这五对范畴进行排列组合，从而得到10种理论上的政府购买社会组织服务的理想类型。

此外，集思公益创投模式的五个子系统也在一定程度上与这五对范畴相对应，其内在的逻辑关联如表2所示。

表 2　集思公益创投模式的功能分析

功能模型		模式变项	
必要功能	结　　构	维　度	范　　畴
A：适应	资金筹措系统	筹资形式	单一排他与多元竞争
G：目标达成	统筹协调系统	组织形态	纵深结构与扁平管理
	项目甄选系统	目标设定	专家系统与公众参与
I：整合	服务执行系统	制度化	粗放与集约
L：模式维持	项目反馈系统	自我纠错	以问责为中心与以绩效为中心

资料来源：自制。

二、资金筹措系统分析

从社会组织服务项目的筹资形式来看，集思公益计划呈现出典型的“多元-竞争”特征。所谓多元，是指出资方的多主体，即多种资金源头同时注入。具体而言，它是指政府和基金会两个源头同时注入资金。所谓竞争，是指同时争取这一资金的有多家社会组织。这一特征又在根本上将集思公益创投模式与以往的政府资助和公益创投区别开来。

资金短缺是以公益服务类社会组织为代表的第三部门发展所面临的共性问题。萨拉蒙（2008）曾指出，全世界第三部门的资金主要源自政府资助、慈善捐款和机构自身运营收入三种。在当前中国，公益服务类社会组织的资金以政府资助为主。

当前政府资助社会组织开展公益项目的主要方式是服务外包：由政府掌控的资金随着项目向社会组织转移（“费随事转”），但资金并未顺着科层体系自上向下流动，而是超出体制之外，以契约的形式完成临时性、一次性、独特的拨付。目前，我国政府购买社会组织公共服务尚未立法，通常政府主要根据《中华人民共和国采购法》中的相关规定进行发包，包括公开招标、邀请招标、竞争性谈判、单一来源采购、询价等方式。从竞争性的角度来看，上述几种政府资助方式中，除了单一来源采购不属于竞争性购买，其他几种均属于竞争性发包。

近些年逐渐兴起的公益创投是一种传统的公益补助的方式。公益创投是将风险投资的理念和技术应用到公益慈善事业之中，为社会组织提供资金和非资金支持，以提高项目的社会效益和组织的可持续性。国外公益创投的资金主要来自私募基金会、企业和个人，区别于此，广东省、上海市、江苏省南京市等地公益创投的资金来源均以福利彩票公益金为主、财政安排为辅，体现出较强的官方性。因此，也有学者并不将上述实践视为公益创投，而仍将其归为一种特殊的政府资助(陈为雷，2014)。

集思公益计划在真正意义上实现了政府资助与慈善捐款两种筹资渠道的融合。该计划是由广东省人民政府与李嘉诚基金会共同出资 2 000 万人民币启动的大型省级跨部门支持妇女公益创新项目。该计划自 2012 年 10 月启动，分两期执行，首期资助项目 88 个，第二期资助项目 89 个。资助金额分为四档，供社会组织竞标，两期共资助 1 万～5 万元档 80 个项目、5 万～10 万元档 90 个项目、10 万～50 万元档 6 个项目、50 万～100 万元档 1 个项目。

集思公益计划的这种“公私混合型”资金筹措系统使其在两个方面既区别于以往的政府资助项目，又不同于国内外的公益创投项目。(1) 资金来源。集思公益计划既不像国外公益创投模式那样主要依靠基金会和社会资本，也不像传统国内政府招标和公益创投那样依赖福利彩票公益金，而是呈现出公共财政与社会资本筹措的高度平衡，拓展了各项目承接方依托项目撬动社会资源的能力。(2) 资助依据。不同于公益创投所优先看重的创意和可持续性，也不同于政府招标和委托项目提前预设目标的做法，集思公益创投模式既体现了出资方和支持方(政府、妇联)的意志和引导(如参评的项目必须限定以妇女为主要服务对象)，又最大限度地创造了公平竞争的氛围，尊重各类社会组织运营的自主性与服务的多样性。

三、统筹协调系统分析

从整个项目的统筹协调系统来看，集思公益计划呈现出某种“纵深结构”与“扁平管理”的双轨特征。

集思公益计划的服务范围横跨省内多地，在组织协调方面可能面临很大的挑战。传统管理学认为，当组织规模扩大时，有效的应对办法是增加管理层次、厘清条线、制定普遍规范，即构建金字塔状的科层体系，但这一做法也可能面临许多问题。比如，决策由上至下传递过程中的失真、走样、误读，特殊需求由下向上传递的渠道受阻，以及中间层级“自主裁定权”的难以掌控等。为应对这一困境，在组织管理的实践中，逐渐出现了增加管理幅度的做法，即减少管理层级而增加管理范围，将金字塔式的纵深组织形态压缩为扁平状的组织形式。

集思公益计划的统筹协调系统既遵循纵深结构的原则，同时也尝试了扁平化管理的方式。一方面，从以往社会组织服务项目的出资方参与情况来看，国外公益创投模式的出资方常常频繁参与组织事务，并给予技术指导，而国内政府招标和公益创投的出资方（政府）基本上不参与项目执行，而是由下级部门或者街镇以“非制度化”的方式协助执行项目。集思公益计划区别于上述两种情形，事先架构起一整套上下联动的组织体系，既有广东省妇儿工委及项目办作为整个计划的督导机构和具体执行机构，亦有广东省妇女联合会（以下简称“广东省妇联”）、省民政厅和广东省社工委所组成的跨部门动员机构，还有各地市妇联选派工作人员组成的联络组织，实现了自上而下的高度参与。另一方面，从投标动员、前期培训、尽职调查以及业务指导的执行情况来看，上述工作由项目办直接承担。项目办工作人员直接奔赴各地，与当地妇联对接，组织联络当地妇女儿童类社会组织。在中山、广州等部分地区，项目办在计划实施的中后期尝试直接与社会组织对接，同时联络当地的支持型、枢纽型社会组织为项目执行机构提供支持和能力建设。由此，在纵深动员结构的基础上形成某种扁平化的项目管理模式，极大地提升了沟通效率，降低了活动成本。此外，集思公益计划为实现项目信息的统筹管理引入了多方社会力量提供技术支持，如委托中国电信股份有限公司广东分公司（以下简称“中国电信广东分公司”）、汕头大学、ESD

Services Limited、中国移动广东分公司等主体负责建设和运营项目的线上网站并处置相关信息。

四、项目甄选系统分析

判断投标项目的目标是否合理、形式内容是否贴合需求、计划是否可行、组织是否具备资质，是政府委托社会组织实施服务的所有环节的重中之重。为此，搭建出一套行之有效的项目甄选系统是关键步骤。集思公益计划建立并试行了“网络申请—专家甄选—公众投票—第三方检查”的项目甄选系统，较好地平衡了当前政府资助社会组织服务项目立项环节中“专家系统”与“公众参与”之间可能会出现的矛盾。

在公益项目招投标的过程中，专家系统现象普遍存在。但是，以专家系统为主导的项目甄别机制存在明显的缺陷。一方面，随着现代社会分工的日益精细，知识逐渐碎片化，精通某一领域也意味着对其他领域知识的忽略甚至废弃。另一方面，专家知识存在滞后性，他们的知识主要来自经验研究以及自身经历感悟，贴合客观实际需求的可能性会受到影响。如果说专家系统在政治谱系中代表着“集中”的一方，公众参与则体现出“民主”的特征。我们在本研究中所指涉的“公众参与”，主要是指公众通过各种合法的途径和方式，直接参与公共服务项目立项的决策过程。这里的“公众”主要是指服务对象（以妇女儿童为主）、家属以及关注妇女儿童发展的社会大众。美国学者约翰·克莱顿·托马斯（2010）则将公众参与分为只以“获取信息”为目标和以“增强决策可接受性”为目标两种类型。在公益招投标过程中，让公众参与项目甄选环节明显属于后者。但是，公众参与式的项目甄选决策亦存在明显制度缺陷：一方面可能遭遇公众参与意识、意愿不强的窘境；另一方面，公众在社区需求方面的主观性和短视、专业知识技能上的不足均可能造成目标设定的不当，即可能出现“有价值的项目被淘汰，迎合大众口味的项目重复出现”的困境。

为规避专家系统和公众参与的双重困境，集思公益计划做好了两个方面的工作：一方面，将这两种决策思路糅合进项目甄别系统中，让专家与公众负责不同的甄别环节。比如，由专家负责审核机构资质、项目预算，预判组织的执行力等，而由公众负责确定申请项目的创意、社区需求程度。另一方面，增强了两种决策系统的严谨程度。比如，邀请的专家条件较为严格、所属领域相对平衡，既有学界知名学者，亦有实务界的翘楚，同时兼顾老中青的年龄组合。在实现公众参与方面，通过网络注册、投票，将公众宣传、动员和参与无缝衔接，让公众无门槛地参与公益。因此，集思公益计划是一次大型的公益动员，具有前所未有的公众知晓率和参与度（林敏华、董克难，2015）。

五、服务执行系统分析

集思公益计划的服务执行系统具有较高的集约化程度，明显区别于以往公益项目招投标模式的粗放式管理方式。

集约化最初是经济领域的术语，本意是指在充分利用一切资源的基础上，更集中合理地运用现代管理技术，理顺各种组织规范，充分整合人力、物力资源的积极效应，以此提高工作效益和效率。集思公益创投模式的集约化，一方面体现为服务“多中心供给”状态，另一方面体现为项目管理的高度制度化。

按照新公共管理的观点，一项公共服务的资源提供者不一定要亲自生产该项服务。政府可以将用于一项公共事项的资源以货币形式直接或间接付给有资质的社会组织，由该社会组织向公民提供某项急需的社会服务。政府购买社会组织服务能够削减公共服务成本、提高供给效率的根源在于，通过将供应与生产分离，根据绩效标准维持公共控制，同时还允许生产公共服务的组织机构之间合理竞争。换言之，特定公共服务的提供者和生产者是否应该分离，分离后到底该由谁来具体提供，应该取决于效益评价和成本核算。因此，若参与竞标的社会组织越多，从理论上讲，越来越激烈的竞争将使提供某类服务的成本下降，或者使服务的品质上升。在这一点上，集思公益计划通过线上开放申请，有效实现了产品供应者的竞争局面，以此确保公共资源的有效利用。

从项目管理的制度化程度来看，集思公益计划也体现出了集约化特征。首先，整个计划的项目管理包含了申报、规划、执行、监控和收尾五个环节，每个环节都制定严密的制度文本、表格以及培训方案，并且在这五个环节中始终贯穿着公益性、公开性和规范性的经费使用原则。然后，该计划对中标项目提出了几项要求，即“有效的组织协调、积极的宣传动员、精细的日常管理、及时应对风险、务实的中期调整、专业的督导以及翔实的资料”。最后，该计划采用分类管理，针对不同的项目设定不同的执行标准与考核要求。比如，针对 10 万元以上的大项目，要求项目执行机构自身开展财务审计、验收及第三方评估，以降低系统的交易成本。

六、项目反馈系统分析

集思公益计划在前期动员的过程中，搭建起由各级传媒平台所组成的媒体宣传网络，使用多种宣传媒介与公众互动，架起出资方、承接方以及公众之间的桥梁；在项目执行阶段和结项阶段，再通过第三方的评估实践，进一步链接出资方、承接方和直接接受项目服务的妇女儿童，搭建公众问责的正式渠道，构成一个完整的项目反馈系统。这一反馈系统具备以下两个突出特征：

第一，该项目反馈系统既运用正式的反馈机制（比如，管理办法规定必须做的），又采取非正式反馈机制作为补充（比如，项目办与项目执行人员的线上交流等）。

第二，项目反馈系统兼具“问责”和“绩效”的双重导向，极大地增强了整个系统的自我纠错能力。其一，在项目的成果测量方面，该计划的评估系统既重视服务形式的规定性考核与量化达成度，又重视对项目和组织的绩效评估，测量社会投资回报。其二，在项目关注的焦点上，该计划的监管体系既注重项目“产出”，又重视项目“结果”。产出是指执行或完成的工作，即

“做了什么事”，包括项目的服务量、服务范围等；而结果是指资助使服务对象产生的变化和实现的目标，即“做成了什么事”，包括满足基层妇女生存与发展的多样性需求程度、促进妇女儿童类社会组织发展、加强政社分工合作等。

第四节 集思公益创投模式的实践效果评价

在本节中，我们将依据逻辑模型对集思公益创投模式的实践载体——集思公益计划的效果进行考察。首先，我们对该计划的处境进行阐述，用以确定比较的基点。在此基础上，对该计划的效果，包括产出的结果与产生的影响进行分析和论述。

一、集思公益计划面临的处境

集思公益计划的服务对象主要分为以下三类。

一是广东地区的妇女群体，进而可以扩展为妇女儿童群体。针对这一类服务对象，该计划的服务目的是通过跨部门合作，凝聚政府及社会组织的力量，提供多元服务，满足妇女群体日益增长的社会服务需求，增进妇儿群体的福祉，促进妇儿群体的发展。

二是广东地区妇女领域的社会组织，即在广东省内依法注册、为妇女群体提供社会服务、促进妇女群体发展的社会组织，进而可以扩展为妇女儿童和家庭相关领域的社会组织。针对这一类服务对象，该计划的服务目的是通过公益项目培育和支持社会组织，引导众多社会组织加入推动妇女发展的行列，以有效地回应基层妇女生存与发展的多样性需求；提升社会组织的项目管理和社会服务能力，推动它们的可持续发展，并培养和提升它们的社会性别意识。

三是广东地区的广大群众或公众。针对这一类服务对象，该计划的服务目的是鼓励和推动公众参与，并培养和提升他们的社会性别意识。

接下来，我们将结合集思公益计划的开展背景与实施目的，详细阐述这三类服务对象所面临的处境或遇到的具体问题。

（一）面向妇女群体的公共服务供给不足、发展不平衡

保障和改善民生是我国社会建设的两大主要任务之一，也是社会建设的重点所在，提供公共服务则是保障和改善民生的重要内容。就广东地区的妇女群体而言，《广东省妇女发展规划（2011—2020年）》指出，受经济社会发展水平的制约和影响，妇女发展面临的一个突出问题和挑战是，农村地区、欠发达地区和流动人口中的妇女公平享受文化教育、卫生保健、社会保障、法律保护等权利有限和公共服务水平偏低。这反映出，面对广大妇女日益增长的物质文化需求，特别是处于社会弱势地位的农村地区、欠发达地区和流动人口中的广大妇女日益增长的物质文化需求，公共服务在总体上还存在着供给不足、发展不平衡的问题。

总的来说，公共服务发展不平衡的问题既包括区域发展的不平衡、城乡发展的不平衡，也包括面向不同群体的公共服务发展的不平衡。供给不足的问题既包括数量上的供给不足，也包括质量上、结构上的供给不足，即专业化的公共服务供给不足，以及多样化、个性化的公共服务供给不足。

（二）妇女领域的社会组织力量薄弱、活力不足

创新社会治理是我国社会建设的另一大主要任务，是“推进国家治理体系和治理能力现代化”的重要体现，而社会组织是社会治理的重要主体和依托。因此，党的十八大报告提出，要加快形成政社分开、权责明确、依法自治的现代社会组织体制。十八届二中全会和十二届全国人大一次会议审议通过的《国务院机构改革和职能转变方案》重申，要完善相关法律法规，建立健全统一登记、各司其职、协调配合、分级负责、依法监管的社会组织管理体制，健全社会组织管理制度，推动社会组织完善内部治理结构。十八届三中全会审议通过的《中共中央关于全面深化改革若干重大问题的决定》（以下简称《决定》）进一步提出，要创新社会治理体制，改进社会治理方式，激发社

会组织活力。

广东地区的社会组织，包括妇女领域的社会组织同样面临着力量薄弱、活力不足的问题。《中共广东省委办公厅　广东省人民政府办公厅关于发展和规范我省社会组织的意见》指出，广东省社会组织的发展仍然存在着一些突出的问题，如对社会组织在经济社会发展中的重要性认识不足，社会组织的数量、规模、质量、作用总体上还不能满足日益增长的社会需求，发展的政策环境还不完备，部分社会组织政社不分、行政化倾向严重、自我发展和自我管理能力不足等。

（三）公众参与程度较低、动力不足

社会治理是全社会的共同行为。党的十八大指出，全党全国人民行动起来，就一定能开创社会和谐人人有责、和谐社会人人共享的生动局面。把党的这些主张贯彻落实到社会治理中，就是坚持党领导下的多方参与、共同治理，发挥政府、市场、社会等多元主体在社会治理中的协同协作、互动互补、相辅相成的作用。因此，十八届三中全会审议通过的《决定》提出，坚持系统治理，加强党委领导，发挥政府主导作用，鼓励和支持社会各方面参与，实现政府治理和社会自我调节、居民自治良性互动。由此可见，公众参与是创新社会治理体制中的必有之义。

然而，在当前的社会治理中，在公共服务和公益慈善领域内，公众参与却存在着程度较低、动力不足的问题，公众参与并没有真正形成社会共识和主流价值，以至于公众参与更多地停留在口号上，公众参与的热情还没有得到充分的释放。究其原因，主要有以下几点：一是公众参与的信息不够公开透明，公众缺乏知情权与监督权，因而也缺乏参与的热情和动力；二是公众缺乏决策权，在公共事务中，大多数时候，公众只是在“告知”和“咨询”的层面上参与，角色是被告知方和被征求意见方，或者少数情况下，在“协商”层面，就特定的议题行使极其有限的决策权，这也导致公众缺乏参与的热情和动力；三是设立的公众参与门槛较高，公众缺乏参与知识和能力，进而影响了公众参与的热情和动力；四是缺乏完善的制度保障和良好的技术支撑；五是公众参与的社会氛围不够浓厚。

二、集思公益计划产出的结果

（一）通过提供广覆盖、多样化的社会服务，促进了妇女群体特别是弱势妇女群体的发展

集思公益计划的主要服务对象之一是广东地区的广大妇女。该计划的实施，不仅有效缓解了面向妇女儿童群体的公共服务供给不足、发展不平衡的问题，还有效地促进了妇女群体，特别是弱势妇女群体的发展。

1. 有效缓解了妇女儿童公共服务供给不足的问题

集思公益计划通过资助项目的形式，鼓励、支持和培育社会组织参与妇女服务，致力于为广东地区广大妇女提供具有相当规模的专业化、多样化、个性化的公共服务。资料显示，该计划主要从质和量两个方面缓解了广东地区妇女儿童公共服务供给不足的问题。

其一，有效缓解了服务数量不足的问题。以第一期为例，中期评估报告中的信息显示，88 个项目直接服务妇女儿童超过 50 万人，间接惠及公众 200 多万人。

其二，有效缓解了服务品质不足的问题，即为妇女儿童群体提供了相当数量的专业化服务。从服务方式来看，既有志愿服务，又有专业的社会工作、心理咨询等服务。仅第一期就有 25 个项目引入社会工作者 46 人，有 16 个项目聘请督导 24 人。这些获得资助的项目采用外展、讲座、工作坊等形式，运用个案、小组、社区等社会工作一般方法和性别分析、增能、社会性别视角、宣传教育、政策倡导、多部门合作等社会工作主要方法，为广大妇女儿童提供专业服务。

2. 有效缓解了妇女儿童公共服务区域与结构不平衡的问题

集思公益计划的实施还在一定程度上缓解了广东地区妇女儿童公共服务区域与结构不平衡的问题。

其一，通过提供广覆盖的社会服务，该计划有效缓解了公共服务区域发

展不平衡的问题。从服务所覆盖的地区来看，206 个获得资助的项目分布于广东地区 21 个地级市，既包括经济发达的珠三角地区，也包括经济欠发达的粤东西北地区，如梅州市有 38 个项目获得资助，湛江市有 11 个项目获得资助，这些服务极大地促进了当地妇女儿童社会服务的发展。以梅州市为例，《梅州日报》曾专门发表深度调查报告，在分析报道山区社会服务状况和发展方向时指出，集思公益计划对梅州市社会服务工作的发展具有里程碑意义。

其二，针对公共服务使用者内部分化导致的不均衡，该计划的实施还有效回应了不同妇女儿童群体的公共服务需求。从服务覆盖群体来看，获得资助项目的服务对象涉及家庭妇女、职业女性、受家暴妇女、未婚妈妈、单亲母亲、脑瘫患者母亲、自闭症患者母亲、孤独症患者母亲、残障妇女、空巢孤寡独居老年妇女等各类群体。

其三，该计划还有效缓解了服务内容单一化的问题，为妇女群体提供了相当数量的多样化、个性化服务，服务内容涉及医疗卫生、人口计生、劳动就业、文体教育、社会服务等众多领域，服务层次涵盖满足妇女健康、就业等实用性性别需求和满足妇女教育、权利等战略性性别需求，满足了不同目标群体的个性化需求。

3. 有效促进了妇女群体特别是弱势妇女群体的发展

集思公益计划不仅服务内容多样、服务对象众多、服务范围广泛、服务方式注重专业化，而且取得了明显的服务效果，促进了广大妇女儿童的发展。根据第一阶段实地调查的资料显示，接受调查的 97％的服务对象认为项目服务对自身产生了较高程度的积极影响，这些影响主要集中在获得积极感受、情绪和心态改善、知识能力提升以及人际关系促进四个方面，服务满意度达到 80％以上。同时，93％的服务对象认为项目服务可促进自身问题得到较大程度的解决。

通过筛选和资助一批关注妇女需求的项目，集思公益计划有效回应了妇女的发展需求，有效提升了服务对象的能力，特别是农村地区、欠发达地区和流动人口中的妇女在个性发展、劳动就业、家庭照顾、人际互动、社会适应、资源整合等方面的能力，增进了她们的福祉，促进了她们的发展。

（二）通过项目带动，有效促进了妇女领域社会组织的成长

集思公益计划的主要服务对象之二是广东地区妇女领域的社会组织。该计划的实施从多个方面促进了妇女领域乃至妇女儿童及与家庭相关领域社会组织的成长。

1. 通过票决竞争，激发了社会组织的竞争和发展意识

由于项目最终入选完全由公开透明的票选决定，这就给社会组织带来了全新的挑战。集思公益计划两期分别收到项目申请书 1 000 份、1 219 份，覆盖全省 21 个地级市。经资格初审、专家甄选、项目办复核，两期入围供公众投票的项目分别为 779 个、805 个，而入选项目仅为 88 个、89 个，足见竞争之激烈。

面对越来越激烈的票决竞争，参与调查的社会组织负责人和获资助项目执行团队均表示，他们非常重视社会宣传和公众动员工作，并投入了大量的时间、人力和物力，不仅亲力亲为，而且发动了一切可以发动的资源，推介项目和机构，希望在激烈的票决竞争中胜出。可见，该计划的实施让社会组织意识到，与市场领域一样，公益慈善领域同样面临着竞争，竞争能够使机构产生动力、增加活力、激发潜力，而要在竞争中取得优势，就必须不断提高社会公信力。

2. 通过项目联结，提升了政府和社会之间的分工协作意识

在对获资助项目所在机构负责人、项目所在地相关政府职能部门及妇联组织代表进行调查后发现，通过集思公益计划的实施，政府和社会组织都加深了对合作重要性的认识。政府认识到，改善民生和创新社会治理离不开社会组织的参与，因为社会组织具有提供多元化、个性化社会服务的优势；社会组织也认识到，改善民生和创新社会治理离不开政府发挥主导作用、群团组织发挥枢纽作用。政府购买服务是社会组织生存和发展的重要保障，政府和社会组织可以通过契约方式，明确公共服务供给者和生产者的

权责，取长补短，建立分工协作、平等互信的合作关系，而这正是公共服务伙伴关系的体现（萨拉蒙，2008）。

3. 通过开展项目，社会组织的性别意识和项目运作能力得到了提升

集思公益计划对项目的基本要求是具有一定创新性的支持妇女发展的公益项目。据统计，由社会组织递交的 2 000 多份项目申请书涵盖女性教育、医疗健康、文化提升、公益服务等方面的需求，聚焦的主题包括青春期女生婚恋指导，预防家庭暴力，异地女性务工者社区融入，女性长者兴趣培育，流动或留守儿童家庭教育，夫妻之间、婆媳之间、子女之间、代际关系改善，以及困难妇女儿童帮扶等发展议题。通过项目申请，该计划强化了相关社会组织的性别视角和性别意识。

集思公益计划先后共举办了 13 场培训简报会、5 场伙伴见面会，从女性需求与性别视角、项目设计、财务制度、项目管理等方面对 1 000 多个社会组织进行了指导，以增加社会组织对性别平等、社会性别、性别视角、女性需求的关注，促使社会组织了解、熟悉和掌握性别分析、妇女增能和性别视角的妇女社会工作方法。在实地调查中，有执行机构负责人和项目执行团队成员表示，女性需求、性别视角、性别平等及相关知识的培训让他们意识到，在设计项目的时候要考虑妇女需求，在开展服务的时候要听妇女意见，推动妇女参与管理等。

4. 通过公平竞争和宣传推广，一大批社会组织得到扶持

除了 29 个特别资助项目，两期集思公益计划均采用了“网络申请—专家甄选—公众投票—第三方检查”的运作模式。其中，专家甄选的主要作用仅是对申请项目的议题及内容、可行性及操作性进行把关，而项目最终入选完全由公开透明的票选来决定。这种公开透明、公平竞争的运作模式产生了积极的效果，体现在以下三个方面。

一是一批小微社会组织得到培育。由于决定项目入选不再是出资方或少数专家说了算，这就赋予所有在广东省内合法登记的社团类和民非类社会组织平等参与、公平竞争的权利。一些规模较小、人员较少，处于萌芽期

或初创期，且无资金来源、无项目购买的小微社会组织更是深受鼓舞，纷纷“抱团”参与集思公益计划。据统计，在两期获资助的177个项目的132家社会组织中，60%以上是近年新注册的；65%的获资助项目由经济欠发达地区的社会组织申报，这些组织之前几乎都没有获得过政府购买项目。例如，梅州市在第二期集思公益计划中获资助33个项目，资金总额就达360万元。集思公益计划发挥了“孵化器”和“起跑器”的作用，带动了广东省各地，特别是经济欠发达地区的小微社会组织参与社区公共服务的积极性。

二是一批专业社会组织得到壮大。集思公益计划的项目申请机构种类多样，既有志愿服务机构、法律援助机构，也有以提供专业服务为主的民办社会工作机构。206个项目中，由近年来新成立的、以“社会工作综合服务中心”“社会工作服务中心”“社工服务中心”命名的44家专业社会工作机构承接的项目就多达58个，约占总资助项目数的28%。参与调查的社会组织负责人和项目执行团队在访谈中均表示，集思公益计划使他们专门设计的、针对妇女儿童群体的新型服务项目得以落地，不仅拓宽了机构的服务领域，也增强了机构的服务能力。对这些社会工作机构来说，集思公益计划起到了“增强器”的作用。此外，通过公平竞争，一批立足本土、服务地方的专业社会组织得到了持续发展的资源，保持和扩大了自身的优势。

三是一大批社会组织的知名度和公信力得到提升。项目办按照公众参与、公开透明的原则，充分发挥信息化在公益推广和公益问责中的作用，不仅建成了集思公益计划官方网站，还通过多种渠道向社会公布该计划的执行内容和进度，并编印宣传资料。同时，项目办还指导各获资助项目执行团队及所在机构通过各种渠道，公开服务活动信息、结项报告及财务信息等，以推动公众参与和社会监督。这不仅提升了整个计划的知名度和公信力，也提升了各个社会组织的知名度和公信力。在实地调查中，有不少负责人表示，有规模的社会宣传工作帮助组织和项目提升了知名度，媒体报道使群众和政府更加重视社会工作服务。实地调查组还了解到，江门、梅州、中山、清远、湛江等地的领导多次表扬了获资助项目所在的社会组织。

5. 产生叠加效应，催生了一批品牌社会组织

集思公益计划实施后还产生了“叠加效应”，一批服务好、能力强、公信力高、影响力大的社会组织涌现出来，成为当地乃至全省知名的标杆型社会组织，如梅州市关爱妇女儿童社会组织服务中心、江门市侨乡妇女法律服务中心、广州市巾帼社会工作服务中心等。

以梅州市关爱妇女儿童社会组织服务中心为例，在第二期项目申报过程中，该机构不仅自身申请的 3 个项目获得资助，而且还助推梅州市妇联社会组织孵化基地的 20 家机构申报了 30 个项目，使梅州市共有 33 个项目入围，居全省首位。在实地调查过程中，不仅梅州本地的妇联代表、社会组织负责人多次谈到该机构，而且其他市（区）的妇联代表、社会组织负责人也都提及该机构，李嘉诚基金会还主动与其接洽，以期共同开展有关社会性别主流化的项目，足见其产生的社会影响和形成的品牌效应。

6. 产生示范效应，为政府向社会组织购买服务提供了模式借鉴

集思公益计划运作的整体成效，对于各地政府推动社会服务的开展，尤其是推进经济欠发达地区的社会组织发展培育工作具有一定的示范作用。部分地区的政府部门高度认可集思公益计划遴选的项目及承接项目的社会组织，并给予资助。一些市（区）政府在制定政府购买服务规划时，参考和借鉴了集思公益创投模式。例如，在集思公益计划示范效应的影响下，2015 年 6 月 15 日，汕头市民政局携手李嘉诚基金会启动了“集思公益　大爱潮汕”公益项目，以资助社会组织。

（三）通过票决参与，有效增强了公民参与的意识

集思公益计划的主要服务对象之三是广东地区的广大公众。该计划是在国内公益领域内一次大规模的公众参与实践。所谓公众参与，一般是指个人或集体作为主体，有意识地主动参与公共事务的行为（林敏华、董克难，2015）。该计划至少从以下几个方面增强了公众参与的意识，激发了公民参与的动力。

1. 赋予公众知情权、决策权及监督权

赋权是公众参与的基础。两期集思公益计划从申请、投票、资助到最后

项目实施，过程全部公开、公正、透明：专家组就申报项目的合法性、可行性进行甄选后，项目办在项目官网上公布，继而让公众以票决方式决定项目是否获得资助。两期投票分别有 22 万、72 万名民众通过网络或打电话，投出有效票数分别达 500 多万张和 700 多万张。经会计师事务所检查公开投票系统和过程，确认最终公布的获资助项目名单和未获资助项目名单与公开投票结果一致。投票结果在项目官方网站上予以公布。在项目执行中，各项目执行机构通过微博等平台即时将服务过程公布于众，接受公众监督。项目办则通过官方微博，加强与社会组织和公众沟通互动。同时，为了保障公众参与有章可循，项目办制定了《"集思公益　幸福广东"——支持妇女计划守则及条款》《申请阶段基金会及项目办员工内部操作手册》等一系列具体的规章。

2. 低门槛和便捷性保障了公众参与

微博、微信、QQ 等社交平台因其信息量大、传播速度快、传播范围广、互动性强，大大降低了项目推广成本，也大大降低了公众参与的门槛。集思公益计划项目办以自身团队为龙头，联合汕头大学、ESD Services Limited、广东女性 E 家园、南方网、中国移动广东分公司、中国电信广东分公司、中国联通有限公司广东分公司等，共同开发了网络申报及投票系统，打造了社会组织和公众开放参与、易于参与的项目申报及票决参与平台。

集思公益计划项目办除了自身开设官方微博，还指导承接项目的社会组织开通官方微博，打造了社会组织和公众开放参与、简便易行的互动交流平台。

由于参与门槛低、方式便捷，每个人都可以通过广东省内 IP 登录项目官网注册投票，或通过广东省属地的电话投票。集思公益计划极大地调动了广大公众参与的热情，最终吸引了多达 94 万的广东公众直接参与。不少公众更是通过微博、微信将自己对集思公益计划的感受和意见直接表达出来。

3. 浓厚的社会动员氛围激发了公众参与

集思公益计划社会影响广泛，形成了浓厚的社会氛围，激发了公众参与。投票期间，各地电台、报纸等媒体全面出动，全省上下掀起集思公益计划的宣传高潮。潮州市民生志愿者协会近千名志愿者手持标志牌、宣传单，走进车站、码头、酒楼、公园、小区等各个角落，为其申报的“故事妈妈”和“团团爱”项目动员公众投票。两周时间内，在仅有40万人口的市区就动员起10万人用手机为其投票，获选票数高居榜首。江门、梅州、湛江等市通过印制海报、派发宣传单、发送电子邮件、手机短信、QQ信息等形式，动员全市机关干部、企事业单位、大学生、中小学幼儿园家长等为项目投票。各地媒体更是专门腾出版面为公众投票造势宣传，有效传播了“集思公益，公众参与”的理念，增强了公民参与的意识，同时也吸引了众多媒体持续关注。

三、集思公益计划产生的影响

我们认为，集思公益计划不仅取得了显著的效果，而且对创新社会治理、建设服务型政府、发挥群团组织作用、激发社会活力具有深远的影响。

（一）多元参与、协同共治，政府和社会实现深度合作

作为政府参与并凝聚各方力量共同开展的大型公益创投项目，集思公益计划为我国在妇女儿童及家庭公共服务领域，乃至在社会建设领域构建多元参与、协同共治的社会治理体制指出了一个可行的新方向。

1. 分工明确的多元治理主体

如图4所示，第一个治理主体是作为公共服务的决策者、主要供给者和监管者的政府。政府作为公共服务的决策者、主要供给者（包括基本公共服务的首要供给者）是转变政府职能、建设服务型政府的内在要求，是推进以保障和改善民生为重点的社会建设的应有之义。然而，公共服务的供给者不等于生产者，供给者和生产者可以是同一组织，也可以是不同的组织。政府可以通过购买公共服务来实现供给和生产的分离，并对生产者进行监管，通过制定规则和标准约束生产者，以确保公共服务的效率和质量。在集思公益计划中，广东省政府作为这一大型公益创投项目的发起者之一，投入了1 000万元项目经费，并对项目的实施进行指导、管理、监督，其角色是公共服务的决策者、主要供给者和监管者。

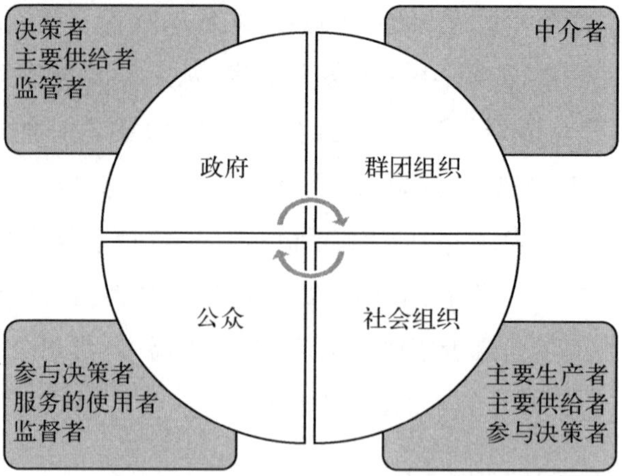

图4　分工明确的多元治理主体

第二个治理主体是作为公共服务的主要生产者和主要供给者、参与决策者的社会组织。社会组织作为公共服务的主要生产者是建设服务型政府、创新公共服务提供方式的重要内容，也符合十八届三中全会《决定》提出的“适合由社会组织提供的公共服务和解决的事项，交由社会组织承担”的改革方向。在集思公益计划中，政府通过公益创投这一购买公共服务的方式，将适合由社会组织提供的公共服务的生产过程让渡给社会组织，以扩展公共服务范围，提升公共服务的效率和质量，满足妇女儿童日益多元化和个性化的需求。社会组织也可以同时成为公共服务的参与决策者和主要供给者。

第三个治理主体是作为公共服务的参与决策者、服务的使用者和监督者的公众。建设职能科学、结构优化、作风廉洁、工作高效、人民满意的服务型政府，决策的科学化、民主化非常关键。在集思公益计划中，公众全程参与，不仅作为公共服务的使用者出现，而且还通过参与票决项目成为公共服务的决策者之一，通过参与问责（包括第三方评估）成为公共服务的监督者。

第四个治理主体是作为公共服务的中介者的群团组织。基于社会成员分层分化的复杂性、个性需求的多样性，党委和政府有必要加强群团组织覆盖、影响各自所联系群众的中介性作用，推进社会建设。政府虽然是公共服务的主要供给者、基本公共服务的供给者，但公共服务可以由政府直接供给，也可以通过中介者间接供给。政府通过群团组织间接供给公共服务，可以发挥群团组织的组织优势和资源优势，可以发挥群团组织在政府和特定领域社会组织之间、政府和特定群体之间的桥梁纽带作用，可以发挥群团组织的社会整合功能。在集思公益计划中，妇联通过统筹协调项目整体运行，充分发挥了自身作为公共服务中介者的作用。

2. 协同共治的合作治理机制

一是以民生需求为导向。十八大报告指出："加强社会建设，必须以保障和改善民生为重点。提高人民物质文化生活水平，是改革开放和社会主义现代化建设的根本目的。"因此，公共服务领域协同共治的目标指向是改善民生。在集思公益计划中，多元主体协同的共同治理目标指向是广东地区妇女群体的多样性民生需求。

二是以公众广泛深度参与为基础。在集思公益计划中，多元主体协同共治的基础是公众的广泛深度参与。无论何时，成功的决策执行必须以公众对政策的接受为基础（托马斯，2010）。公众广泛深度介入从决策到实施的整个过程：他们不仅是服务的使用者，还是服务内容的决策者和服务质量的监督者。

三是以项目化运作为依托。集思公益计划采用了项目化运作的形式，成立了项目办，并按照目标管理原则，实行以目标和高效为基准的项目管理方式，组织开展各项活动，确保达到项目目标。

四是以制度化参与渠道建设为保障。为了保障各方参与权责明确、有章可循，集思公益计划项目办制定了《"集思公益　幸福广东"——支持妇女计划守则及条款》《"集思公益　幸福广东"——支持妇女计划项目管理办法》等规章，并配套制定《申请阶段基金会及项目办员工内部操作手册》《网络申请表格模板》《官方微博使用手册》《甄选专家工作指引》及《评估细则》等，使各方可以有序参与、协同合作。

（二）公民参与和社会组织社会合法性的获得

虽然“合法性”是一个外延复杂的概念，不仅包含法律合法性，还包含社会合法性、政治合法性等形式（高丙中，2000），但其仍有着清晰的内核，即通过得到“社会承认”而具有合法性基础。在两期集思公益计划的实施过程中，社会组织申报的项目如果要获得资助，需要从一大批候选项目中脱颖而出，而能否脱颖而出并最终获得资助，完全由公众投票决定。这也就意味着，获资助项目及其背后的社会组织获得了公众较为广泛的承认，获得了较高程度的社会合法性。较高程度的社会合法性则意味着社会组织具备了较好的社会基础，从而更有可能获得资源，以顺利开展活动，取得长远发展。

第五节　集思公益创投模式的可推广性分析

一、集思公益创投模式的可推广性

（一）模式渐趋成熟

集思公益计划自 2012 年 10 月启动以来，经过本土化改造与创新，其模式已渐趋成熟。

1. 建立了一套系统、完整的制度体系

为了保障集思公益计划的整个实施过程都有章可循，集思公益计划项目办不仅制定了《“集思公益　幸福广东”——支持妇女计划守则及条款》《“集思公益　幸福广东”——支持妇女计划项目管理办法》等规章，而且配套制定了《评估细则》，编写了《申请阶段基金会及项目办员工内部操作手册》《网络申请表格模板》《官方微博使用手册》《甄选专家工作指引》等，从而形成了一套系统、完整的制度体系。

2. 形成了一套完整、规范的运作流程

在制度体系建设的基础上，集思公益计划形成了一套完整、规范的运作流程，涵盖网络申请、专家甄选、公众投票、第三方检查、执行培训、实施跟进、项目评估等环节。

3. 开发了一个成熟、可行的技术平台

集思公益计划组建了由中国移动广东分公司、中国电信广东分公司、汕头大学、ESD Services Limited 组成的技术支持小组，开发了一个主要由项目网络申请系统和公众投票系统构成的技术平台，其成熟性和可行性经过了验证。

4. 树立了被社会广泛认可的品牌形象

由于激发了广大公众深度参与，调动了各方力量共同推进，践行了阳光操作和公益问责，且实施效果良好，集思公益计划不仅获得了社会各界的广泛关注，也得到了社会各界的广泛认可，使集思公益成为一种公益品牌。由于树立了被社会广泛认可的品牌形象，集思公益计划荣膺“广东省 2012 年社会管理十大创新案例”，并在 2013 年被“第二届中华女性公益慈善典范”活动评选为全国“十大女性公益品牌项目”。

（二）效果具可预见性

在社会科学研究中，与可推广性相对应的一个概念是“外在效度”。外在效度指的是一项研究的结果可以被推广到其他情形和其他人群的程度，主要包括情形可推广性和人群可推广性。

1. 具备情形可推广性

情形可推广性主要考察的是其结果能否被推广到不同的空间、时间和社会经济发展水平不同的地区。如果其结果可以在不同的空间、时间、地区得到验证，它就具备了情形可推广性。

首先，从空间来看，集思公益计划是一个省级大型公益项目，其实施的空间范围广阔，广泛分布于广东地区的 21 个地级市。

然后，从时间来看，自 2012 年 10 月启动以来，集思公益计划已经运作多年，开展了前后两期，经历了一定时间的积累。

最后，从社会经济条件来看，由于分布广泛，集思公益计划的众多获资助项目得以在社会经济条件不同的地区实施。

2. 具备人群可推广性

人群可推广性是指其结果能否被推广到不同的人群中去。如果结果可以在不同的人群中得到验证，它就具备了人群可推广性。由于集思公益计划并未设定具体的服务人群，而是根据社会组织的申请、公众的票选决定服务人群，所以服务人群的选取具有一定的随机性、服务人群的构成有较高的代表性。

通过上述分析我们可以看到，集思公益创投模式不仅具备较高的情形可推广性，而且具有较高的人群可推广性，这也就意味着，它在推广时的效果具有较高的可预见性，实施效果可期。

二、集思公益创投模式推广的必要条件

虽然集思公益创投模式具备了可推广性，但要在更多领域、更多地区、更大范围内进行推广，还需要满足一些必要条件。

（一）政府在社会建设领域应具有改革创新精神

针对集思公益计划，广东省政府不仅率先借鉴使用了这种“公众票决”的创新公益模式，还配套了 1 000 万元资金，并在全省范围内实施。这反映出广东地方政府在以改善民生、创新社会治理为根本任务的社会建设领域，具有大胆探索、勇于尝试、敢于创新的意识和决心。没有政府这种改革创新精神，集思公益计划就无法推广、难以落地。

（二）区域具备一批致力于公益事业、有活力的社会组织

集思公益计划在广东地区的顺利实施，有赖于一批致力于公益事业、有活力的社会组织。近年来，广东省先后出台了《中共广东省委办公厅　广东省人民政府办公厅关于发展和规范我省社会组织的意见》《中共广东省委　广东省人民政府关于加强社会建设的决定》及七份配套文件，《中共广东省委　广东省人民政府关于进一步培育发展和规范管理社会组织的方案》《政府向社会组织购买服务暂行办法》《广东省民政厅关于进一步促进公益服务类社会组织发展的若干规定》等一系列政策文件，不断加大培育和发展社会

组织，特别是公益服务类社会组织的力度，为广东地区社会组织的发展，特别是公益服务类社会组织的发展营造了一个宽松而良好的环境。《广东社会工作发展报告(2014)》显示，广东省的社会组织数量、政府购买服务资金总量、获全国社会工作者职业水平认证人数均在全国排名第一。正是有了一批致力于公益事业、有活力的社会组织，集思公益计划才能在前后两期都收到众多项目申请书。

（三）群团组织能够充分发挥枢纽作用

集思公益计划在广东地区的顺利实施，还有赖于广东省妇联能够充分发挥枢纽作用。作为主要支持机构，广东省妇联深度介入了集思公益计划的实施，充分发挥了枢纽作用。

广东省妇联在集思公益计划工作架构上确立了枢纽地位。该计划领导小组的组长由一名广东省妇联副主席和一名李嘉诚基金会高级项目经理共同担任，项目办负责人由一名广东省妇联副巡视员和一名李嘉诚基金会中国妇女项目统筹人员共同担任；各地市及顺德区由妇儿工委和妇联各选派一名联络员，协助、协调各地妇联、社工委、民政局及相关政府部门开展工作。

广东省妇联在集思公益计划实施过程中发挥了枢纽作用。广东省妇联以“集思公益”为服务平台，发挥主导作用，通过健全的组织系统和有效的服务支持，加强对妇女儿童及相关领域大批中小型社会组织的统筹协调与纽带联系，从而发挥了对同领域社会组织的服务和管理作用，引导广大社会组织协同参与社会治理。

第六节　优化集思公益创投模式以利未来发展的若干建议

作为一种经过本土化改造的公益模式，集思公益创投模式虽然渐趋成熟，但在一些局部和细节方面还有待优化。

一、优化决策机制，建立以票决为主、评选为辅的项目遴选方式

在项目决策方面，集思公益计划两期均采用了“网络申请—专家甄选—公众投票—第三方检查”的项目决策机制，最终根据公众投票决定是否资助。票决的优势显而易见，主要包括以下几点：一是对社会组织来说，由于决定项目是否获选不再只由出资方或少数专家来决定，这就赋予了所有在广东省内合法登记的社团类和民非类社会组织平等参与、公平竞争的权利，让它们从中看到了平等竞争的机会，从而积极参与；二是对公众来说，由于决定项目是否最终获选完全由他们决定，这就赋予了广东省内所有公众参与决策的权利，激发了他们参与的动机，促成了公众广泛且有深度的参与；三是对服务需求来说，票决有助于自下而上地反映公众的实际需求；四是对集思公益计划本身来说，票决模式是项目的一大特色，是其获得社会各界广泛关注、树立项目品牌和行业标杆的核心内容。

然而美中不足的是，采用单一票决的项目决策机制也存在一些难以避免的缺陷。

一是不是所有优秀的项目都能入选。在集思公益计划中，专家甄选的主要作用是对项目的议题和内容（包括项目名称、项目目标、服务群体、项目预算、项目详情）进行原则性把关，而项目能否最终入选完全由广大公众通过公开、透明的票选来决定。尽管通过专家甄选，项目质量得到一定程度的保障，即最终经过票选而来的项目至少是关注妇女发展的，具有可行性和可操作性的项目，但是这种带有“去专家化”色彩的做法并不能保证所有获资助项目的质量达到较高要求，而一些需求突出、创意新颖、可操作性强、专业性强的高质量项目未必能够入选。之所以如此，一方面是因为社会组织可能缺乏说服公众向自己申请的项目投票的能力和经验，项目质量虽然高，但是动员公众投票的能力未必强；另一方面是因为如何资助项目是一项专业性很强的工作，需要判断项目设计的合理性、可行性、可能的效果，以及通过

答辩的过程判断申请项目的社会组织的经验与能力，这是一项比较复杂的工作（邓国胜，2013；黄英男，2013）。

二是票决结果未必能全面地反映出有关广大公众需求和偏好的信息。首先，票决结果可能只是集中反映了部分民众需求和偏好的信息，从而使其公平性受到怀疑。在前后两期集思公益计划实施过程中，由于票决结果的不确定性，各社会组织动员公众的能力有别，以及公民的响应程度不一，导致获资助项目的地区分布不平衡，项目高度集中在个别地市。在这种情况下，票决结果集中反映的是个别地区的民众需求和偏好的信息。然后，受到可能出现的“刷票”行为的干扰，票决结果可能反映的是有关广大公众需求和偏好的错误信息，从而受到社会公众的怀疑。最后，票决结果也可能导致关注少数受益群体的优秀项目在投票竞争中落选，从而引发社会公众的不满。

针对票决存在的不足，集思公益计划采取了特别资助的方式，从两期申报的落选项目中，筛选了一批优秀项目予以特别资助。这些特别资助项目主要从以下三类落选项目中推选：一是专业机构提供专业服务的项目，具有较强的社会性别视角，且服务模式创新，可供其他社会组织学习参考；二是为部分有特别需求的妇女（尤其是困境妇女）提供基本社会服务的项目；三是省内欠发达地区或农村地区的项目。这在一定程度上解决了采用单一票决的项目决策机制带来的问题。然而，特别资助项目的资金属于额外拨款的范畴，带有不确定性。

因此，我们建议，集思公益计划未来可考虑优化项目决策机制，建立以票决为主、评选为辅的项目遴选方式，借鉴现行的以一般项目为主、特别资助项目为辅的做法，并将其制度化。一是坚持票决特色，将大部分资金投放到一般项目资助上，最终根据公众投票决定是否资助；二是增加票选之后的评选环节，在特别资助项目上投入一定比例（不超过总资助额的30%）的资金。

另外，集思公益计划执行团队还可以考虑进一步开发和利用公众投票的“大数据”，增进对大型公益项目公众投票行为及其模式的了解，为未来策划和组织该类项目提供参考。

二、优化培训机制，提高社会组织的项目运作能力

集思公益计划的主要目的之一是以项目为纽带，培育支持社会组织。因此在资助项目的同时，集思公益计划非常注重对社会组织的配套培训，先后共举办了13场培训简报会、5场伙伴见面会，从女性需求与性别视角、项目设计、财务制度、项目管理等方面，对1 000多家社会组织进行了培训和指导。

虽然集思公益计划组织开展的简报会及伙伴见面会有助于社会组织学习项目设计及项目管理的知识，但是由于社会组织发展程度参差不齐，近年新成立的小微社会组织居多，且普遍缺乏设计和运作项目的经验，单次培训难以有效提高社会组织，特别是近年新成立的小微社会组织的服务能力。

有鉴于此，我们建议，集思公益计划未来可考虑配合项目执行，设置全面、系统、有针对性的培训体系，围绕妇女需求分析、项目设计申报、项目执行与过程管理、项目服务总结与成效检验等内容展开。同时，支持各地妇联积极发挥枢纽作用，结合自身优势，自主开展内容丰富、方式灵活的社会组织能力建设培训，以提升社会组织的项目运营管理能力，推进社会组织发展。

三、优化督导机制，提升社会组织的项目服务水平

虽然集思公益计划也设置了配套的督导机制，但督导内容主要是提升社会组织的项目运作能力而非项目服务水平，即督导各获资助项目执行团队及其所在的执行机构将项目设计和管理方面的知识运用到实践当中，促使他们通过实践提升方案策划、档案管理及财务管理等项目运作能力。

因此，我们建议，集思公益计划未来可考虑配合项目执行提供项目督导服务，聘请有相关专业背景和专业水平的专家参与，建立专业督导团队，分

阶段、分领域、分类别地开展督导，提升社会组织的项目服务水平。

四、优化协同参与机制，提升基层群团组织及工作人员的专业化水平

集思公益计划的顺利实施，有赖于广东省妇联以“集思公益”为服务平台，通过健全的组织系统和有效的服务支持来发挥枢纽作用。但在调研中我们也发现，由于各地经济社会发展水平的差异，一些欠发达地区的妇联在集思公益计划实施之前从未参与过任何政府购买服务实践，也缺乏社会组织培育和项目化运作的经验，这不仅影响了其参与集思公益计划的积极性，也限制了其枢纽功能的发挥。虽然集思公益计划起到了重要的启蒙作用，极大地增强了妇联组织培育社会组织、提供项目化服务的意识，但仅此还远远不够。

因此，我们建议，广东省可以考虑以集思公益计划为模板，以获资助的优秀项目为案例，对工会、共青团、妇联等群团组织，特别是对欠发达地区的基层群团组织及工作人员开展系统的有针对性的培训。培训的主要内容包括政府购买服务、社会组织培育、项目设计与管理、社会工作的理念和方法等，从而提升群团组织的专业化水平和工作科学化水平，更好地发挥群团组织的枢纽作用，促进群团组织的转型发展。

五、优化资助方式，建立常态化的政府和社会资本合作机制

广东省政府目前对集思公益计划采取的资助方式是一次性的。虽然，集思公益计划通过政府配套资金激活了社会资源，促进了一批妇女儿童领域社会组织的成长，为数以百万计的妇女儿童提供了多元化服务，营造了全社会关注妇女儿童发展的良好氛围，但是，满足广大妇女儿童日益增长的、多元化的民生需求，促进广大妇女儿童的发展是政府长期要解决的问题，探索创新社会治理、培养多元主体协同共治、促进社会长治久安，也是摆在政府面前的一项长期任务，仅凭一次实践显然难以长期奏效，形成成熟、完善的本土化模式需要一个过程。

因此，我们建议，政府可以考虑从拓宽政府购买服务的路径、增强公共服务供给能力、建设公共服务领域政府和社会资本合作省级示范项目的角度，在一段时期内予以常态化支持。从具体操作来说，政府可以考虑将其纳入妇联年度预算给予稳定资金支持，建立常态化的政府和社会资本合作机制，为推进集思公益创投模式向更多领域、更多地区、更大范围推广奠定基础。这样，一方面可以发挥妇联作为群团组织的独特优势和中介作用，另一方面也体现了党和政府对群团工作的重视与支持。夯实群团组织力量，是深入贯彻落实《关于加强和改进党的群团工作的意见》，探索新形势下加快群团组织改革创新的具体体现，也是支持群团组织依法参与社会治理、推进国家治理体系现代化的具体体现。

此外，政府还应该考虑将妇女儿童及家庭公共服务纳入政府购买公共服务目录，并予以常态化支持。

六、优化资助机制，实施适度弹性的资助周期

集思公益计划目前对各项目的资助周期都是1年，这有利于对项目进行统一监管，也简化了项目拨款流程。从首期实施情况来看，获资助项目基本上都能够按期结项，也大致都能达成预期目标、取得预期效果。但我们在调研中也发现，由于服务对象的改变需要一个过程，一些获资助项目的效果，特别是一些涉及社区层面的项目难以在较短的资助周期内充分显现出来。此外，由于资助周期的限制，一些社会组织无法设计和开展具有较长时间跨度的项目，或者在临近结项时，通过最后冲刺的方式，对一些需要较长时间才能完成的项目或活动草草执行了事，影响了项目的效果。

因此，我们建议，集思公益计划可以采用具有适度弹性的资助周期，如限定为1～2年或1～3年，并根据过程评估或年度考核结果决定是否提供下一个阶段的资助。虽然这可能会提高监管成本，但它却有助于不同类型项目目标的实现。

第七节　集思公益创投模式的当代意义

我们认为，在集思公益创投模式下，多元治理主体分工明确，以民生需求为导向、以公众广泛且有深度的参与为基础、以项目化运作为依托、以制度化参与渠道建设为保障的合作治理机制得以建立，为调动各方力量参与社会治理创新提供了借鉴，为构建多元参与、协同共治的社会治理体制提供了新的有益探索。一是通过政府配套资金，激活了社会资源，改变了单纯依靠政府购买服务的做法，契合了政府和社会资本在公共服务领域合作的改革创新方向。二是不同于传统上主要依赖专家系统的公益创投模式，项目能否最终入选完全由公众通过公开、透明的票选来决定。这是一种“自下而上、以需定供”的新型政府购买服务模式，契合了以民生需求为导向，建设人民满意的服务型政府的方向。三是通过项目推动并引入竞争机制，激发了社会组织活力，促进了广东地区妇女儿童及与家庭相关领域社会组织，特别是一大批小微社会组织的成长。

以往各地的公益创投活动常由民政部门主办、社会组织承办，群团组织参与并不多、作用发挥也不突出。在集思公益计划的实践中，作为主要支持机构，广东省妇联深度介入了整个实施过程，体现了妇联组织在创新社会治理、加强和改进党的群团工作的新形势下，主动推进自身改革创新、增强自身活力、谋求自身转型与发展的努力。在集思公益创投模式下，作为枢纽，妇联组织联动各方主体投入妇女服务行列，在计划设置、资金配置、工作架构搭建、项目执行与社会服务实施等方面进行了积极实践，为广东省乃至全国推进群团组织参与社会治理、实现国家治理体系现代化积累了有效经验。借用学界探讨社会工作机构参与社会治理的概念（王思斌，2014a，2014b，2015），妇联组织这种以集思公益为服务平台、组织推动大批中小型社会组织投入妇女服务，通过提供服务而实现的治理，也可以被视为一种服务型治理，呈现出妇联组织通过承接政府委托的服务任务，利用政府和社会资源向广大妇女特别是困境妇女提供服务，缓解和解决她们在生存与发展方面的问题。

我们认为，集思公益创投模式不仅是具有鲜明特色的大型公益项目运作模式，也是激发社会活力、培育社会组织、创新社会治理的新探索；不仅是政府参与的公益创投活动形式，也是围绕民生需求、建设服务型政府的新尝试；不仅是群团组织全程参与的公益项目运作机制，也是妇联组织在新形势下加强和推进自身改革、切实增强自身群众性、主动联系和服务广大妇女群众、强化服务意识、提升服务能力、挖掘服务资源、践行服务治理的新举措。

正是由于具有上述特点，在短短的几年时间内，“集思公益”已经一跃发展成为广东公益项目中最具社会影响力的公益品牌之一。

随着社会建设的进一步深化，社会公众对公益事业提出了更高要求，当前各界均在探索公共服务创新的多样化形式。毫无疑问的是，作为国内公益领域首次大规模、系统化、有深度的公众参与实践，集思公益计划及其形成的模式、代表的发展方向将对其他公益项目具有借鉴意义。

上海市黄浦区妇联向社会力量购买服务模式创新

改革开放40多年来，党的群团工作发生了很大变化，群团改革成为全面深化改革的重要任务。特别是十八大以来，习近平总书记在不同场合就工会、共青团、妇联等群团组织工作作出重要指示。十九大报告对群团工作提出进一步要求：增强群众工作本领，创新群众工作体制机制和方式方法，推动工会、共青团、妇联等群团组织增强政治性、先进性、群众性，发挥联系群众的桥梁纽带作用，组织动员广大人民群众坚定不移跟党走。这既体现了党对群团工作的高度重视与深切厚望，也表明了增强“三性”、去除“四化”成为群团组织改革的重中之重。那么，伴随着新时代条件下社会主要矛盾的转变，工会、共青团、妇联等群团组织如何回应人民对美好生活的需要呢？为此，如何进一步持续深化组织改革实践、创新工作体制机制，使之成为推进国家治理体系和治理能力现代化的重要力量，成为各级群团组织改革的重要议题。

上海市黄浦区妇联按照中央、市委和区委关于群团改革的相关精神，针对发展实践中所面临的问题，结合自身优势，创新工作方式方法，积极搭建向社会力量购买服务的平台，逐步探索并形成了立足现实需求、凝聚多元主体、以增强社会性为导向的购买服务实践模式，在转变工作思维、聚合社会力量、提高治理能力等方面取得了较为显著的成效。从2014年开始，黄浦区妇联向社会力量购买服务实践历经了初期探索（2014—2015年）、持续推进（2016—2017年）、深化发展（2018年至今）三个阶段。从履职履责前提下延展服务手臂的创新性尝试到群团改革背景下增强社会职能的协同式延展，再到共建共享条件下推进治理创新的成效性凸显，黄浦区妇联始终坚持以群众需求为导向、以专业规范为抓手、以督导评估为载体、以品牌建设为重点，日趋构建起一套科学合理、专业规范的项目化运作机制，有效回应了群团改革中增强“三性”、去除“四化”的要求，成果初显。

但是，黄浦区妇联所建立的购买服务模式仍存在一定的实践局限性：在治理创新实践中，妇联和社会组织对伙伴关系的理解存在局限，认知思维亟待转变；在项目运作过程中，社会组织的专业性相对匮乏；在购买服务推进中，项目发展层次良莠不齐，呈现两极分化。

为此，我们提出以下建议：一是深化政社分工与合作，构建互惠式合作伙伴关系。进一步深化政府与社会组织之间的分工与合作，扩大自主空间；积极构建起一种有序合作的互惠式伙伴关系，促进优势互补。二是深化党建带妇建机制，提升妇联的聚合力与组织培育力。进一步强化党建引领，充分发挥党建（群团）服务站的平台作用。三是创新购买与评估模式，建立分类监管式评估机制。建立“绿色通道制”和“末尾淘汰制”，激发社会组织内在动力；积极引入新的专业组织，增强组织和项目之间的“鲇鱼效应”；建立差别化、多层次的分类监管评估机制，助力项目及组织的健康有序发展。

整体来看，黄浦区妇联立足区域发展实际与妇女群众多元需求，在充分认识与理解群团改革要求的基础上，积极探索新时期妇联组织改革实践的新方式，体现出了强烈的时代性、引领性和务实性等特征。从实际逻辑上来看，我们认为黄浦区妇联所形成的向社会力量购买服务的实践模式彰显了一种以群众需求为导向的内在逻辑机理，充分发挥了妇联组织在党政与妇女群众之间的枢纽作用。黄浦区妇联在购买服务实践中积极深化社会性功能，持续回应现实需求，进一步凝聚妇女群众力量，真正推动了自身治理能力的有效提升，从而使妇女群众在共建共治共享发展中有更多的获得感、幸福感、安全感。

第一节　导　　论

本节主要阐明开展黄浦区妇联向社会力量购买服务模式创新研究的缘起和研究意义、研究内容和研究方法等。

一、研究缘起和研究意义

（一）研究缘起

自党的十八大以来，随着全面深化改革的不断深入，党委领导、政府负责、社会协同、公众参与的多主体协同共治新格局逐步形成，改革实践成效初显。作为党联系基层的重要抓手，群团组织在服务群众、联系群众方面发挥着重要的纽带与桥梁作用。但囿于中国特殊的历史、政治、文化背景，群团组织在参与社会治理过程中发挥的作用有限。为此，中共中央于 2015 年 2 月出台了《关于加强和改进党的群团工作的意见》，这是指导和推动党的群团工作、不断开创新局面的纲领性文件。2015 年 7 月，习近平总书记在中央党的群团工作会议上强调切实保持和增强政治性、先进性、群众性，开创新形势下党的群团工作新局面。作为群团改革的先锋地，上海市率先制定《上海市群团改革试点方案》，并在 2015 年 11 月中央全面深化改革领导小组第十八次会议上审议通过，这标志着群团组织改革在全国范围内正式展开。随后，上海市工会、共青团、妇联分别制定了较为详尽的实施方案。一方面，实施方案明确提出要“推动群团工作的改革创新，使群团组织成为推进国家治理体系和治理能力现代化的重要力量”；另一方面，实施方案突出组织设置、干部管理、运行机制和支持保障四个重点，在此基础上推出“1+3+X”的群团改革模式。由此可见，全面积极推进群团改革，促进传统职能转变与工作方式创新，凝聚社会力量参与社会协同治理，已成为各级群团组织发展的重中之重。

基于此，上海市黄浦区妇联根据中央、市委和区委群团改革的相关精神，结合区域实际，制定《黄浦区妇联改革实施方案》，强调增强“三性”、去除“四化”，并在此基础上围绕区域重点工作任务，积极搭建了向社会力量购买服务的运作平台，以创新工作方式、拓展工作领域、提升服务能力。实际上，早在2014年，黄浦区妇联就开始尝试搭建向社会力量购买服务的实践平台，由街道推荐优秀的社会组织承接与妇女儿童家庭需求密切相关的服务项目。经过几年实践探索，黄浦区妇联在建立购买服务平台的基础上，已逐步形成了一套较为规范、完整的购买服务程序，既满足了居民多元化、复杂化的需求，拓宽了妇联服务领域，也有助于培育、扶持社会组织较快地发展，壮大并凝聚社会力量。同时，这为转变妇联传统服务职能、创新既有工作方式、促进治理能力提升均提供了可行路径。

中国特色社会主义进入新时代，我国社会主要矛盾已经转化为人民日益增长的美好生活需要和不平衡不充分的发展之间的矛盾。如何让全体人民在共建共治共享发展中有更多获得感、幸福感、安全感，是当前推动群团组织改革、加强和创新社会治理的应有之义。同时，由于处于上海特大城市治理体系之中，社区内风险的多重性、需求的多元性、群体的差异性等特征，黄浦区妇联在向社会力量购买服务实践中仍面临一些现实困境和问题。例如，因服务的专业性不足，部分服务项目难以有效回应居民复杂化的现实需求；部分服务项目实施多年，但实际服务内容停留于表面，成效甚微；既有服务项目大多聚焦传统弱势群体，对“四新”领域女性群体涉及较少，整体服务覆盖面有限，对妇联组织所具备的群众性特征回应不足。基于上述困境，黄浦区妇联在向社会力量购买服务实践中，仍需进一步创新购买服务的体制机制、完善购买服务的合法性基础及其实践方式，培育一支介入妇女儿童家庭的专业社会工作者队伍，积极探索理论创新与本土发展实际相结合的社会治理模式，以更好地回应群团改革的总体要求。

（二）研究意义

本研究立足黄浦区妇联近年来向社会力量购买服务的实践探索过程，在经验研究的基础上，系统总结、梳理妇联购买服务的实践模式，形成区域性改革实践经验，这对全面深化群团组织改革、加强和创新基层治理具有重要的意义。

第一，有助于形成契合黄浦区妇联改革实际的购买服务实践模式。通过系统总结、梳理黄浦区妇联近几年在购买服务方面的行动实践，我们期待在“创新社会治理、加强基层建设”这一发展理念下形成一套具有黄浦特色的购买服务实践模式。

第二，有助于总结妇联的改革实践逻辑。通过收集并分析一系列案例，我们能够从中提炼妇联在回应社会需求、培育社会力量、推进群团改革方面的实践智慧和行动策略，建构地方妇联组织参与服务治理的改革实践逻辑。

第三，有助于为妇联组织深化改革提供可能的发展方向。通过梳理几年来购买社会服务的历程，在分析不同发展阶段特征及发展经验的基础上，为十九大以后黄浦区妇联改革及治理行动提供可行的发展方向。

第四，有助于总结、提炼黄浦区妇联向社会力量购买服务的成果经验与运作逻辑。通过深入分析黄浦区妇联购买服务机制、妇联与社会组织角色定位及互动关系，总结、提炼黄浦区妇联购买服务的成功经验与运作模式，为构建长效机制奠定基础。

第五，有助于对当前的购买服务实践及其模式进行优化创新。结合其他地区群团改革经验以及黄浦区妇联自身实际，进一步探索黄浦区妇联在购买社会服务实践中持续存在的困境和难题，并提出相应的可行策略，以完善黄浦区妇联基层治理体系，提升治理能力。

二、研究内容及研究方法

（一）研究思路与研究内容

我们始终坚持“反思—建构—实证—再反思”的研究思路。

首先，我们对国内外有关文献进行了系统的回溯与梳理，尤其对涉及群团改革、政府购买服务、基层治理等议题的代表性案例和重要研究成果进行反思，为本研究提供研究基础和可深化的方向。

其次，本研究将结合既有的理论取向，梳理群团改革和基层治理创新的理论谱系，并结合黄浦区妇联特定的历史、文化、社会、经济基础，借助法人团体主义和双重委托代理理论进行建构，形成委托代理视角下对妇联购买服务实践的分析。

再次，通过深入黄浦区妇联日常治理实践，对几年来购买服务实践模式进行系统的实证分析，尤其是以群团改革精神为主线，分析黄浦区妇联群团改革的理念基础、实践动力、行动体系和社会效应等，尝试构建一种完整的群团组织参与基层治理的新模式。

最后，对黄浦区妇联的购买服务实践进行理论上的升华与再反思，强化黄浦区妇联作为个案所具有的代表意义，并为黄浦区妇联未来持续强化群团改革、积极创新社会治理提供一定的经验借鉴和政策启示。

结合上述研究思路，本研究的主要研究内容包括以下方面：

一是文献基础。对国内外群团改革、基层治理的基础理论体系和代表性实践经验进行梳理，形成本研究开展的前提基础和可深化的研究空间。

二是理论基础。结合黄浦区妇联向社会力量购买服务的实践脉络和以往研究积淀的理论基础，尝试提出一种符合实际的理论视角，以作为解释黄浦区妇联社区治理创新的理论依据。

三是实证基础。一方面，全面梳理几年来黄浦区妇联购买服务的阶段性特征（包括 2014—2015 年的初期探索、2016—2017 年的持续推进、2018 年至今的深化发展），基于对前两个阶段性特征和当前发展形势的实证分析，力图为政府购买服务模式的持续完善提供发展建议。另一方面，全面了解并分析黄浦区妇联在购买服务中的政策措施、制度建设、组织管理、人员专业化、创新举措等内容。另外，以向社会力量购买服务过程为核心，从角色定位、需求界定与回应程度、内在运作机制、政社关系构建等层面入手，全面剖析黄浦区妇联在购买服务实践过程中取得的现实成效，并对其实践经验进行总结、提炼。

四是政策取向。结合其他地区的群团改革模式、购买服务经验以及黄浦区妇联自身实际，在全面探究黄浦区妇联购买服务实践中所面临的困境和难题的基础上，进一步优化升级既有购买服务及运作模式，为后期发展提供相应的指导意见，以助推黄浦区妇联完善社区治理体系，提升治理能力。

总体来看，本研究的研究思路、研究内容、研究方法可以用图 5 所示的研究技术路线予以呈现。

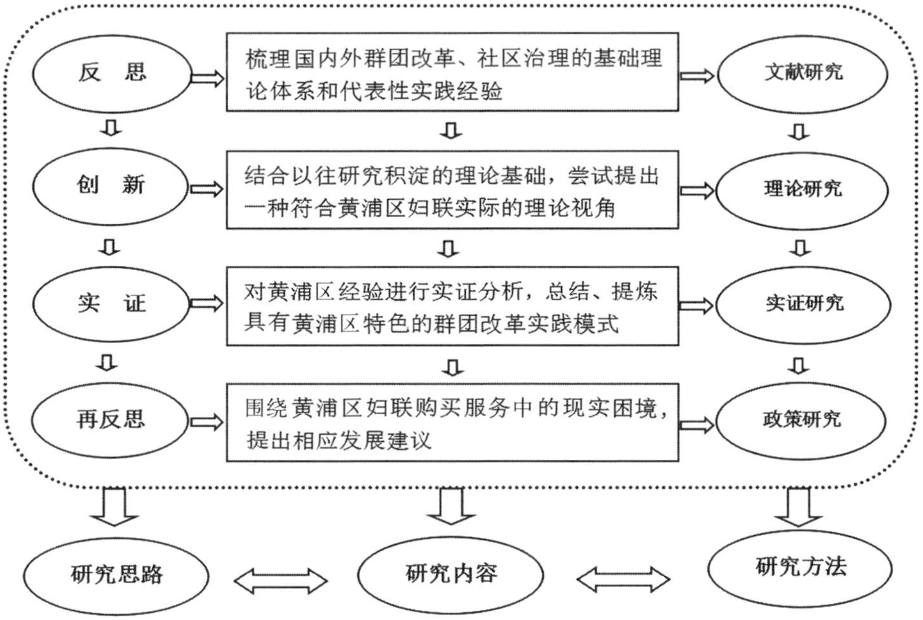

（来源：笔者自制）

图 5　研究技术路线

（二）研究方法与研究过程

就研究方法而言，本研究主要采用质性研究作为方法论基础，具体采用文献分析、参与式观察、深度访谈等相结合的方法，对一手资料和二手资料进行比较全面的收集与分析。

1. 文献分析

全面收集国家和上海市有关群团组织改革，尤其是妇联改革的政策文本，以及黄浦区妇联出台的改革方案、向社会力量购买服务的一系列政策文件、制度建设、组织管理、各类项目档案资料、项目总结报告等文本或电子档案资料，以充分知悉黄浦区妇联在群团改革背景下购买服务实践的基本概况。

2. 参与式观察

我们全程参与项目征集立项、过程监管、项目终期评审等一系列工作之中，积极保持与区妇联领导班子及各科室负责人的密切联系，及时跟进各个新老服务项目的实施进展，总结服务成效，全面了解妇联向社会力量购买服务的全过程及供需双方对购买服务的认识与理解。

3. 深度访谈

我们选取了黄浦区妇联的几位领导干部进行深入访谈，了解区妇联向社会力量购买服务的核心初衷、实施历程、制度建设、创新措施、经验案例、现实成效及实践困境等内容。同时，通过对承接黄浦区妇联服务项目的社会组织人员进行访谈（座谈），了解社会组织及其团队对承接黄浦区妇联公益服务项目所采取的行动实践、获得的成长经验，以及对妇联与社会组织之间互动关系的认识和理解。

需要说明的是，这里的具体研究对象主要是指黄浦区妇联每年以项目化形式向包括社会组织、事业单位、企业等在内的各类社会主体所购买的妇女儿童家庭服务项目。这些项目一般围绕特定的服务主体，有着严格的筛选与监管机制，立项要求高、实施过程严谨、服务成效相对明显，对满足妇女群众需求、延展妇联工作手臂、凝聚社会多重力量、创新妇联组织改革具有积极的影响。

另外,本研究共历时9个月,主要按以下阶段进行。

第一阶段:前期准备(2017年11—12月)。对国内外相关理论研究成果及实践经验进行梳理和反思,并在此基础上,有针对性地形成具体调研方案。

第二阶段:研究实施(2018年1—5月)。对黄浦区妇联向社会力量购买社会服务项目实践进行实地调查和分析,形成初步的调查研究大纲。同时,向相关领域的专家进行咨询。

第三阶段:研究总结(2018年6—7月)。撰写研究报告,与黄浦区妇联领导班子就报告完善工作进行讨论,并最终定稿。

第二节　文献回顾与理论分析框架

一、文献回顾

近年来,国家和社会领域的双重变革引发了社会群体不断分化、价值取向多元化、个性需求多样化以及利益诉求复杂化等问题,这给群团组织的改革带来巨大挑战。如何使群团组织成为推进国家治理体系和治理能力现代化的重要力量,已然成为重要的研究议题。本节,我们将从以下几个方面对以往的研究文献进行梳理和反思,以探究本研究的可能贡献。

(一)妇联的组织属性及其变迁

从妇联的历史发展脉络来看,由于中国特殊的政治和文化背景,妇联与中国共产党之间具有天然的依存关系(李静之,2001;马焱,2009),其自身在自上而下的政治制度安排下也形成了特殊的组织性质与功能定位(丁娟、曲雯,2006;胡献忠,2015;肖扬,2004;仪缨,1999)。自中华人民共和国成立以来,党和政府高度重视群团组织发展,积极推动群众工作、妇女工作与党的工作的一体化建设,以充分发挥群团组织在联系群众、整合群众、社会动员方面的现实功能。根据对妇联的历届章程和其体制改革演变的梳理分析，不难发现妇联的组织属性变迁基本经历了四个阶段，即妇女运动领导机构、妇女群众组织、社会群众团体及党领导下的人民团体。为此，有学者指出，妇联与党和政府之间的关系从“在中国共产党的领导下”到“是党联系妇女群众的桥梁”，再到“是党联系群众的纽带”，又到“是党和政府联系妇女群众的桥梁和纽带”，最后发展到“是党和政府联系妇女群众的桥梁和纽带，是国家政权的重要社会支柱”，可见妇联在国家政治体系中的合法性得到逐步加强（马焱，2009）。毛丹、陈佳俊（2017）从制度、行动者及行动选择的角度出发，结合当前妇联组织的改革实践，提出妇联组织在改革中存在“钟摆”现象，即妇联始终保持着担任党联系妇女群众的桥梁纽带的姿态，但从未成功消除机关化、行政化；有谋求大幅度增加社会团体属性与功能的行动，但从未真的变成枢纽型社会组织；作为组织机构，妇联在功能上始终处于党政机关与社团两者之间，哪边被强调就往哪边摆动。

结合妇联的组织属性变迁及既有研究，我们可以发现，当前妇联的发展存在三重特征：一是行政性功能逐步向群众性、社会性功能转变。长期以来，妇联兼具“党政代言人”和“妇女代言人”的双重角色，但却较多地与政府角色一致，具有较强的行政性特征。而群团改革所提出的力戒“四化”、重塑“三性”，将有助于发挥妇联在组织结构、贴近与基层联系、沟通平台和影响公共决策方面的显性优势（康晓强，2017；彭恒军，2015），以增强社会属性。二是政治合法性日趋加强，政治性功能凸显。从妇联章程即可看出妇联与党、政府之间特殊的关系形态及现实关联，其在成为党密切联系群众、促进社会整合重要抓手的同时，也进一步催生了内在的行政性、官僚化、科层制特征。三是双重身份长期存在。虽然妇联原有的行政性功能日渐向群众性功能转变，但“对上对下的双重负责制”现实难以改变，既要向下传达党和政府的决策意志，也要作为妇女群众代表向上发声。这种角色的内部结构性冲突使妇联在具体实践中徘徊于行政属性与社会属性之间，角色定位亟待明晰。

（二）妇联组织改革的现状与困境

作为我国最为重要的群众性团体组织之一，妇联的改革备受瞩目。学术界普遍认为妇联具有“半官半民”的性质，与政府的关系较为特殊。妇联虽属于非政府组织，但其按照从中央到地方，由全国到省（区、市）、市（区）、县（市、区）、街道（乡、镇）逐级向下的组织体系建构，且妇联的每一层级都依托政府设立，必须接受同级党组织的直接领导，在人财物等方面受到同级政府的控制，不免被视为“类党政部门”“二政府”“准政府组织”等身份，这影响了其社会性职能的充分发挥。

在当前群团改革背景下，各地妇联组织持续开展了相应的改革实践。向羽、袁小泉（2017）以珠海市前山街道妇联试点改革项目为例，深入探讨了基层妇联组织在改革之前面临的困境，并从有机拓展、有机升级两个层面总结出基层妇联组织试点改革中“有机再造”的经验，以逐步推动基层妇联组织的转型升级。陈伟杰（2016）探讨了妇联改革与社会工作嵌入的结合空间，其以某市妇联专业社会工作服务试点为例，通过一种无缝式层级嵌入的形式，缓解了妇联层级间在激励、监督等方面的委托—代理困境。但既有改革实践也存在诸多困境。胡献忠（2015）指出，群团组织在发展过程中存在多重问题，如凝聚力下降、工作方式简单化等。康晓强（2017）进一步指出，基层妇联组织存在的联系群众不够紧密、履行职能不足等问题，非常不利于自身政治性、先进性、群众性功能的发挥。毛丹、陈佳俊（2017）指出，由于妇联组织有时像党政部门一样运作，有时又像社会组织那样开展社会事务，致使实际改革完成度不尽如人意。

因此，如何有效解决群团组织基层基础薄弱、服务能力不强的问题，如何有效扩大群团组织的覆盖面，如何有效开展网上群团工作等，成为当下群团改革的主要难点。

（三）妇联组织改革的可行策略及发展方向

针对当前群团改革的迫切需求及其所面临的多重困境，陆春萍（2014）认为，在社会资本和网络的视角下，妇联组织的横向网络建构有助于提升自身的专业性、服务性和社会性，拓展社会服务的空间，通过积极拓展妇联组织的横向网络，进而探索妇联组织与其他社会组织“合作治理”的新型社会管理模式。宋雄伟(2016)指出，推动群团组织改革，要建立群团组织社会化的工作机制，以枢纽型社会组织建设为抓手，倒逼群团组织去行政化改革，强化其服务性；以项目化运作机制更加有针对性地服务各自所联系的人民群众；积极探索“强基层、专挂兼、重社工”的人才机制，完善与人民群众有效联系的协商机制，充分发挥群团组织的“三性”特征。另外，张波(2016)以协作治理理论为基础，提出要推动群团组织的协作治理，建立以工会、共青团和妇联为中心的网络结构，从协同治理框架、协同治理机制和网上群团协作等方面进行改革创新，实现群团组织的协同发展。

从以往的相关文献来看，当前学术界更关注群团组织改革中组织内部所存在的多重问题，包括“四化”特征明显、组织能力不足、人才机制不健全、服务覆盖面有限等内部治理问题，致使群团组织难以发挥其应有的政治性、先进性和群众性功能。总体研究倾向于对现状与问题的一般性描述，缺乏较为深刻的理论依据和学理分析。与此同时，学者们对群团组织推动资源下沉、运用项目化机制向社会力量购买服务的实践研究基本上处于空白状态。可见，对黄浦区妇联在实践中探索的向社会力量购买服务的模式进行系统的总结、提炼，具有重要的理论价值和实际运用价值。

二、理论基础

(一) 法人团体主义理论

法人团体主义主张社会和国家应是融合的状态，而两者融合所形成的法人团体化组织应该是整个社会良好运作的中介；再者，利益团体与国家的边界是相对模糊的，它们的联系也是制度化、常规化、强制性的；国家应该是一个积极主动的行动主体，超然于这些多元化团体，并将它们整合进国家决策结构中，实现国家与社会之间的有机整合(陈家建，2010)。

菲利普·施密特(1974)对法人团体主义进行了制度层面的界定，认为法人团体主义可以被定义为一种利益代表体制。在这种体制中,(社会中)各个构成单位都被组织到数量有限的,具有单一性、强制性、非竞争性、等级化秩序性及功能分化性等特征的各部门中。施密特将法人团体主义分为国家法人团体主义(state corporatism)和社会法人团体主义(social corporatism)。前者强调国家通过自上而下的干预,依照行政或立法的手段赋予一些社团在某一领域的垄断代表权,并通过控制此类社团来实现对该领域其他社团的间接管理。后者强调社团通过自身自上而下的努力(竞争性淘汰或合作交易)来获取垄断代表权,以社团利益代表者的身份与国家对话,维护社团利益(王纪芒、刘璐璐,2018)。

近年来,法人团体主义模式受到越来越多研究者的青睐,并被用来对中国的国家与社会关系进行理论概括或预测,主要有适用论和非适用论两种取向。前者认为法人团体主义较好地实现了对转型中的中国社会的认知(顾昕、王旭,2005),后者则认为法人团体主义不能解释当今中国国家与社会之间的关系,因为中国并不存在强政府、强社会的基础(乔东平、高克祥,2015)。作为党领导下的人民团体,妇联组织是联系国家与社会的重要桥梁和纽带,由于其与党的特殊关系,且兼具政治性和社会性双重属性,其主要借助国家赋予的在妇女群众领域的垄断代表权而履行着政治和社会职能,因此更倾向于国家法人团体主义导向。那么在群团组织改革的背景下,妇联组织在明确自身角色、身份的同时,需要进一步探究的是,如何借助自身的双重属性与内在优势,凝聚社会力量,满足多元需求,在共建共治共享的治理格局中发挥应有的作用。

(二)双重委托代理理论

20 世纪 60 年代末 70 年代初,罗斯最早解释了委托代理的内涵,指出在双方主体中,如果委托人授予代理人一定的决策权以方便其更好地实现委托方利益,就会有代理关系(梁媛、冯昊,2004)。麦克林进一步揭示了委托代理关系的实质,即在签订契约的基础上,将双方分成委托人和代理人,委托人给予代理人一定的酬劳和决策权,代理人则展开相应行动以实现预期目标和委托人利益的最大化。在委托代理理论中，最基本的核心是委托人和代理人都是"经济人"，以实现自身效用的最大化为目标。委托人一般出于公共目标和公共利益的目的，代理人则追求高昂的代理费用或者自由的决策权力等（方萍萍，2016）。由于双方的目标可能存在差异且信息不对称，从而常常出现委托代理问题。为了更好地解决委托代理中可能出现的利益损害，西方学者提出了三个应对策略：一是设置分权的组织框架；二是构建一种降低风险的激励机制；三是设计有效的信息系统，公开代理人的信息。由此确保代理人能够按照契约开展行动，实现双方的共赢。

政府购买公共服务也是一种委托代理，即政府是委托人，社会组织是代理人，政府通过签订契约、给付酬劳，将一部分公共服务职能委托给更专业的社会组织承担，积极推动"让专业的人做专业的事"，逐步构建起"小政府、大社会"的格局。同时，政府与社会组织间的委托代理关系打破了公共服务由政府包揽的传统，通过职能转移使得政府跳出公共服务第一线，专注于制定政策与规则。然而，在群团改革背景下，妇联组织向社会力量购买服务这一实践更多体现出了双重委托代理的关系。双重委托代理来源于"多代理人理论"。所谓多代理人理论，是指存在着多个相互影响的代理人。有学者根据我国上市公司的治理实践，提出了"双重委托代理理论"，主要用来分析控股股东、中小股东和经营者三者之间的委托代理关系（冯根福，2004）。目前，学术界也有学者借助双重代理理论分析政府购买服务实践中所生成的复杂的政社关系，以更好地促进国家与社会之间的良性、有序互动（陈天祥、郑佳斯，2016）。

从妇联的组织属性及其职能来看，作为党和政府联系妇女群众的桥梁与纽带，妇联既有"党政代言人"的身份，即要积极贯彻、传递党政意志，在民主参与、民主监督、参政议政等方面发挥政治功能，又作为妇女群众利益的代言人，要代表和维护妇女权益、为妇女争取利益、促进妇女发展。那么，借助双重委托代理的概念，在妇联组织向社会力量购买服务实践中，我们可以将党政、妇联组织和社会组织分别定位为初始委托人、中间委托代理人和终端代理人。其中,党政委托妇联组织来积极推进信息上传与下达、服务妇女群众、创新社会治理等事项;而妇联组织作为中间委托代理人,由于自身在满足妇女群众发展需要上的局限性,进而培育或引入社会组织力量,围绕妇女群众现实需求,以项目化的形式、专业化的技术、社会化的方法来开展一系列具有针对性的妇女儿童家庭服务,促进社会的健康有序发展。在这里,妇联组织承担着“代理人”和“委托人”的双重角色。

一方面,妇联组织同时兼具政治性和社会性双重属性,既要明确政治立场,准确把握组织方向,担负起所联系群众听党话、跟党走的责任,带领妇女发挥“半边天”作用,也要积极借助自身及社会组织力量来满足妇女群众对美好生活的需要,为有需要的妇女儿童家庭提供多元化、专业化的服务。另一方面,我们也看到,作为中间委托代理人,妇联组织要全面做好思想引领与政策引导,并借助激励机制、监督机制以及第三方评估等方式来有效规避委托代理可能出现的问题,以实现向社会力量购买服务的预期目标,确保公共利益最大化。

第三节　机制创新:妇联向社会力量购买服务模式过程探析

自 2014 年起,黄浦区妇联开始搭建向社会力量购买服务的运作平台,期望借助项目化模式、专业化方法、社会化服务来探索妇联组织工作创新与转型发展的可行路径,以回应群团改革要求。截至 2018 年 6 月,黄浦区妇联向社会力量购买妇女儿童家庭项目已达 92 个,购买资金超过 900 万元,项目内容涵盖了儿童服务、妇女支持、家庭服务、社区治理、社会组织发展等多个领域,切实为辖区内各类弱势群体和有需要的群体提供了多元化服务,在满足群众需求、凝聚群众力量和创新基层治理等方面取得显著成效。

本节将根据近几年来黄浦区妇联向社会力量购买服务的机制建设、实施情况、服务情况等，阶段性地呈现整个购买服务模式的建立与发展全貌，梳理、总结发展过程中的行动策略与成功经验，以呈现黄浦区妇联改革实践的初步成果。

一、初期探索：履职履责下延展服务手臂的创新性尝试(2014—2015 年)

黄浦区妇联多次召开领导班子会议，针对当前黄浦区妇女儿童家庭需求多元、复杂、面广量大的现实情形，以及自身既有工作力量薄弱、专业服务能力有限等问题，在 2014 年年初开始尝试借助项目化运作方式，向社会组织等社会力量购买与妇女儿童家庭需求密切相关的公益服务，以满足妇女群众的现实需求，扩展妇联服务的范围，提升妇联工作的有效性。

(一)“取经与内训”：推动项目化运作的基本前奏

面对新时期社会形态的深刻变革和妇女群众需求的多重变化，妇联组织要思考的是，如何取长补短、转变工作模式、创新工作方法，真正发挥自身在凝聚基层力量、创新社会治理方面的作用。

1. 组织定位与思维转变并行，全面增强项目化运作意识

作为妇女群众的重要代言人，妇联组织一方面要注重妇女群众利益需求的表达，积极了解群众心声，构建起自下而上的需求传递渠道，形成党政与妇女群众之间自上而下与自下而上双向并行的沟通路径；另一方面，妇联组织要借助自身优势与服务能力，积极为妇女儿童家庭提供一系列及时有效的服务，以满足妇女群众日趋多元复杂的需求，提升妇联的服务能力与社会影响力。然而，从传统服务模式与服务内容来看，在开展妇女儿童家庭服务的过程中，区妇联更多地依靠街道妇联、居民区妇联等基层力量来自上而下地推进传统类型的服务内容，再加上服务形式单一、服务人手有限、专业能力不足等多重因素的影响，既未能及时有效地满足妇女群体的现实性需求，又未能充分拓展妇联组织的社会知晓度及影响力，成效甚微。

为此，黄浦区妇联多次召开党组会议、领导班子会议、街道妇联主席会议，全面分析当前妇联组织在职能履行、服务实施、团结群众等方面存在的

诸多问题，重新认识新时期妇女群体的分化格局及多元异质性需求，积极探讨服务妇女、维护妇女群众合法权益的新模式。在往年的服务推进中，黄浦区妇联根据自身发展实际与服务需求，引入社会组织开展服务，如与上海市阳光社区青少年事务中心合作开展“服刑人员子女关爱行动”。因此，结合当前妇联工作发展实际和创新工作方法的要求，黄浦区妇联积极转变传统工作思维，开始以项目化方式向社会力量购买妇女儿童家庭类服务，“让专业的人做专业的事”，以延展妇联工作手臂、拓宽服务覆盖面、团结更多的妇女群体，增强社会影响力。

2. 理论学习与实务交流并重，积极探索项目化运作机制

党的十八大报告明确提出，要提高社会管理科学化水平，强化人民团体在社会管理和服务中的职责；同时，十八届三中全会又进一步强调要充分发挥工会、共青团、妇联等人民团体作用，齐心协力推进改革。为此，黄浦区妇联在 2014 年年初正式启动项目化工作的同时，全体领导班子成员、各科室负责人及街道妇联干部前往浦东新区妇联进行交流学习，全面了解浦东新区妇联向社会力量购买服务的实践经验，取长补短。据了解，浦东新区妇联从 2007 年开始以项目化形式购买服务，先后历经了内生性的项目化起步（2007—2010 年）、外延性的项目化拓展（2011—2014 年）、综融性的项目化扩张（2015—2017 年）三个发展阶段，在购买服务内容与体量、服务项目监督与管理、服务成效与社会影响力等方面均形成了较为系统、完备的实践经验，这为黄浦区妇联开展项目化工作提供了及时有效的支持与借鉴，同时也进一步推动黄浦区妇联购买服务行动较快地走上了规范化、本土化、专业化的道路。

从以往的妇联工作实践来看，多数服务是以区妇联为主导、街道妇联和居民区妇联为辅助来共同推进实施的，未引入并凝聚社会力量。同时，部分妇联干部对于购买服务的初衷、内容、程序、管理等方面的知识相对匮乏。为此，黄浦区妇联举办了以探索妇联工作项目化运作为主题的培训班，邀请高校与实务领域的专家从理论和实务两个方面对妇联干部进行培训，帮助

妇联干部更好地认识与理解购买服务的意义、内容以及项目化运作的模式，以便在辖区内更为顺畅地引入社会力量，推行项目化运作与管理。

通过学习专业理论知识、与同级妇联进行交流，黄浦区妇联更进一步坚定了开展项目化运作的决心。由此，2014 年上半年，黄浦区妇联陆续引入多家社会组织、企事业单位，在结合街道需求的基础上，实施了一批与妇女儿童家庭密切相关的服务项目，项目化实践探索正式开始。

（二）“摸石头过河”：开启项目化运作的行动策略

上海市“一号课题”强调要发挥工会、共青团、妇联等人民团体的枢纽作用，加强对职工服务类、青年类、妇女类等社会组织的联系、服务和引领，并将联系、服务新社会群体纳入工作范围。同时，强调枢纽型社会组织要发挥资源整合、服务管理作用，承担区域内社会组织发展的专业指导、调查研究、反映诉求、交流合作等职责，成为社会组织公益服务的资源整合载体、规范运行的督导评估载体、自身发展的能力提升载体。为此，在 2014 年和 2015 年的项目推进过程中，黄浦区妇联先后引入社会组织 17 家，引入社会资金 15 万元，实施了 31 个妇女儿童家庭项目，同时还向市妇联推荐了 4 个优秀项目，优化服务形式与内容，创新工作方法，以增强服务成效。

1. 从“自上而下”到“两上两下”：社区服务逻辑的逐步转变

在第一年向社会力量购买服务的过程中，黄浦区妇联主要根据各科室的年度工作重点和街道服务要点来拟订主题，并由承接方直接跟街道沟通协商，由街道决定对哪些群体开展哪些类型的服务。这样一种以区妇联的工作重点和街道的需求为主导的自上而下的项目需求逻辑，虽在某种程度上能够有效落实区、街道妇联的必要性工作，扩大服务覆盖面，为街道妇联工作提供一定的支持性力量，但是街道的需求不等于妇女群众的需求，若想切实发挥项目化运作的实际成效，就要考虑妇女群众的需求，从而有针对性地设计、实施相应的服务项目。

为此，黄浦区妇联在之后的工作推进中，积极转变工作思路，从“自上而下”转向“两上两下”，以更好地知悉基层妇女群众的现实性需求，增强服务影响与实际成效。“两上两下”是指在项目征集立项过程中，对需求把握的“两上两下”：首先，明确区妇联各科室的年度工作重点，初步拟订本年度项目征集主题与范围；然后，在深入了解居民区群众实际需求的基础上，进一步完善主题；最后，区妇联结合日常对居民区妇女群众需求的了解，进一步知悉辖区内不同群体的实际需求，形成本年度向社会力量购买服务的主题及其内容。通过“两上两下”的方式，既能够满足辖区内妇女群众的所急、所需，提供适当的服务，也能够将居民需求与街道、区妇联的工作有机结合起来，更好地满足多元化、复杂化需求。

此外，项目承接方在申请项目时，还会进一步与街道沟通，走进居民区，从第三方角度了解各类群体的紧迫需求，以设计并实施有针对性的服务方案。

2. 从“活动主导”到“项目化运作”：购买服务程序的规范操作

在 2014 年之前，黄浦区妇联已尝试着引入辖区内外专业的社会组织来承接相应的服务，但是这些服务多数是以“购买单次或多次活动”的形式来进行的，并未形成系统化、规范化的服务项目，在服务的规范性、长效性、影响性等方面存有不足。

在 2014 年启动项目化运作之后，黄浦区妇联将更多的服务活动串联起来，整合形成系统性、规范性的服务项目，以整体项目的形式为有需要的群体提供相应的服务内容，既扩大了服务覆盖面，丰富了服务内容，也能够渐进性地推动项目实施，提高服务成效。为进一步提升购买服务的规范性，黄浦区妇联还结合购买服务的实际情况，初步拟定《项目化运作专项资金经费管理办法》等制度，同时引入第三方评估机构，以对项目的运作提供专业评估与过程性指导。

可以说，经过两年的购买服务实践，黄浦区妇联在摸索着前进，在延展服务手臂、扩展妇联工作影响力、聚合社会服务力量等方面取得了一定的成绩。项目化服务运作形式既为妇联扩展了服务覆盖面，引入并激发了新的社会活力，同时也切实践行了“资源向基层下沉、力量向基层汇聚、服务在基层提供”的发展理念。

二、持续推进：群团改革下增强社会职能的协同式延展(2016—2017 年)

在群团改革要求下，黄浦区妇联在改革方案中明确指出，要“构建社会化的妇联服务机制”，探索作为政府购买服务主体，妇联参与社会治理和公共服务的制度性安排；完善向社会力量购买妇女儿童家庭服务的机制，将部分妇女服务类事务通过委托、创投、招标等方式交给社会组织承担，引导其依法依规开展活动，履行社会责任。由此可见，积极搭建向社会力量购买服务的平台，聚合社会力量，是一条创新群众工作体制机制、彰显社会本质属性的重要路径。

(一)“两手抓”：全面推动项目实施的规范化与专业性

根据前两年的购买情况，加上群团改革对妇联所提出的新要求，黄浦区妇联在 2016 年加大了购买服务力度，引入社会组织、企事业单位 18 家，购买服务项目 22 个；项目覆盖面由原先服务某个街道扩展至多个街道，服务对象由传统弱势群体扩展至有需要的妇女儿童家庭，供需匹配度不断加强，社会影响持续扩大。

1. 立足项目发展实际，持续加强对项目管理的规范引导

在政府购买社会服务项目如火如荼开展的同时，由于购买制度不健全、购买目录不明确、购买程序混乱，部分社会组织过多地关注项目投标、承接各类项目，而忽视了项目实施与管理的规范化操作，出现“为了项目而做项目”的现象。

为此，黄浦区妇联在购买服务的过程中，一方面注重建立与承接方之间的平等合作关系，以服务型妇联组织的角色开展各项工作，充分尊重承接方在项目立项、项目实施等方面的专业性与发展建议，积极构建与项目承接方之间的合作伙伴关系。无论是妇联领导班子，抑或各科室妇联干部，不仅积极参与项目服务活动，而且通过交流来知悉项目实施情况，及时引导项目组加强总结与反思，强化项目实施的规范性，及时解决项目实施中的困难，共同推进项目的顺利运作。另一方面，黄浦区妇联积极引入第三方评估机构，

借助专业评估力量来推动项目运作的规范化。如在项目评估过程中，第三方评估机构根据组织及项目发展的不同程度，采取有针对性的支持与指导，并从项目进度管理、档案管理、沟通管理、人员管理、风险管理、变更管理、成效测评等多个方面引导各承接方增强项目管理意识，提升服务成效。这在无形之中也加强了妇联干部对项目化运作的认知，丰富了他们对项目管理的理解，促进了自我能力的提升。

2. 找准项目运作困境，逐步深化对服务实施的专业督导

由于不少承接方并非完全扎根或内生于社区之中，其对社区现实情形的把握、社区资源的运筹管理、社区居民的有效介入等方面仍存有不足，再加上不少承接方在服务能力、专业性等方面有待进一步提升，使得项目在实施过程中不免会遇到某些现实困境，影响了项目的有效实施。作为与承接方协同参与社区治理的主体之一，妇联组织在知悉社区现实、进驻社区场域、协同各类服务资源等方面具有内在优势。因此，在社会服务项目推进过程中，如何充分发挥妇联组织和承接方各自的优势，深化服务成效与影响，是深化群团改革、凝聚社会力量、创新社会治理的有效路径。

为此，在项目实施过程中，黄浦区妇联主要从两个层面加强对承接方的服务与支持：一是以妇女儿童的受益程度为服务成效的标准，突出强调“你为妇女儿童服务，我为你服务”的理念，注重发挥自身对承接方的服务与支持功能，积极协助其及时化解项目实施过程中所遇到的问题，并以自身的实践经验为基础，引导承接方更好地在社区内为妇女儿童家庭提供服务，提升服务有效性；二是根据承接方发展需要，积极搭建专业支持平台，借助第三方评估机构的专业优势，针对承接方在项目设计、实施、总结等方面存在的问题，组织开展专题增能培训，既使社会组织更加明晰项目实施的关键，也让企事业单位类型的承接方对承接公益服务项目有更多的认知与理解，以推动各类承接方的健康有序发展，服务成效也日益凸显。

（二）“全程联”：有效推进多元主体的资源联动和协同参与

黄浦区妇联在搭建购买服务平台、助力项目实施的过程中，一方面充分

发挥自身的天然优势，积极协助承接方开展相应的妇女儿童家庭服务；另一方面，注重引入、借用外来专业的服务力量，推进项目及组织的长效发展，从而凝聚社会多主体力量、深化群团组织改革、创新基层社区治理。

1. 注重资源凝聚与共享，积极强化妇联组织的枢纽作用

结合中央、市委等对群团组织改革的深刻要求，从妇联的根本属性出发，作为最重要的社会群众团体之一，妇联组织是党和政府联系妇女群众的纽带与桥梁，应切实发挥自身的枢纽功能、连接功能，积极推动资源的有序整合与分配，促进社会服务的顺利实施，增强党群之间的密切联系。

2016—2017 年，在向社会力量购买妇女儿童家庭服务项目过程中，从申报立项到过程跟进，再到中期评审交流，最终总结评审，黄浦区妇联借助自身在资源链接与整合方面的潜在优势，以支持者、引导者的角色全程协助承接方更好地把握社区情况、分析服务需求、调动社区资源、促进社区参与，既有效地帮助各个服务项目稳步有序地实现落地、发展，又切实增强了对承接方的孵化、培育，更好地引导社会组织、企事业单位发挥自身优势，参与社区治理。例如，在黄浦区妇联的支持与协助下，上海市黄浦区公益文化促进会借助“果色 family”系列项目的推进，自身的服务能力日渐增强，项目得到越来越多的街道和社区的欢迎与支持，组织及项目的社区影响力得到了显著提升。

2. 突出专业优势与互助，有效促进社会组织的持续增能

在群团改革要求下，妇联组织应切实创新工作方式，进一步增进自身的社会性功能。但是，妇联在社会组织培育、增能、督导等方面存在实践局限性，难以从专业的角度予以支持与引导。为此，黄浦区妇联与第三方评估机构开展合作，在对各个服务项目积极开展监管评估的同时，利用第三方丰富的专家库资源，为社会组织提供各类有针对性的培训与督导，切实推进社会组织的持续增能。在引入第三方的过程中，黄浦区妇联能够尊重第三方的评估与指导意见，进一步深化自身对购买服务、公益项目运作、第三方评估的理解。同时，黄浦区妇联积极加强与第三方之间的有序分工，实现优势互

补,协同第三方推进对承接方的引导与支持,从而更好地推进区域内公益服务项目和承接方,尤其是女性组织的健康有序发展。

经过2016—2017年向社会力量购买服务项目化运作的持续推进,黄浦区妇联尝试搭建的购买服务平台在制度建设、购买程序、购买内容、监管评估等方面均得到了深化完善与有效拓展。由此,在群团组织改革的背景下,黄浦区妇联积极自我对标,明确发展与实践困境,转变服务群众的方式方法,创新团结社会力量的体制机制,借助购买服务的广泛实践,既推动了自身职能转移,拓展服务范围,让专业的人来做专业的事,切实提高服务的现实效益,同时,还吸纳和凝聚了一批来自社会组织、企事业单位的优秀女性代表,强化了对辖区内优秀承接方的孵化、培育,并逐步构建起良性的合作伙伴关系,对构建社会化的妇联服务机制具有重要的推动作用。

三、深化发展:共建共享下推进治理创新的成效性凸显(2018年至今)

十九大报告对群团组织发展提出了明确要求:"增强群众工作本领,创新群众工作体制机制和方式方法,推动工会、共青团、妇联等群团组织增强政治性、先进性、群众性,发挥联系群众的桥梁纽带作用,组织动员广大人民群众坚定不移跟党走。"可见,作为党领导下的人民团体,妇联需进一步创新既有工作方式方法,提升治理能力,从而真正发挥妇联的政治性、先进性、群众性功能。2018年是黄浦区妇联开展购买服务的第五年,如何进一步抓准社会需求、紧扣社会热点、深化项目实施影响,以实现妇联组织改革的创新升级,有待探究。

(一)从传统走向多元:聚焦项目议题的社会热度与适切性

在前几年的购买实践中,购买服务类型主要集中于传统的妇女儿童家庭服务领域,如促进亲子关系、支持弱势妇女、救助贫困儿童等方面。随着社会转型加速,妇女儿童家庭服务需求日趋呈现出多元化、复杂化、特殊化等特征,这就需要妇联提供更具适切性、紧迫性、及时性的社会服务。

在2018年的项目立项过程中,为紧扣社会热点难点、找准现实需求、深化服务成效，黄浦区妇联在项目筛选、立项评审的过程中，更加注重以下几个方面：一是服务需求的紧迫性。如儿童性教育，这是令部分家庭重视却又不知所措的重要问题，但是由于话题的敏感性与特殊性，很少有服务机构介入。为此，黄浦区妇联首次引入由上海阳光馨语公益服务中心所设计的“保护豆豆儿童性教育不缺位”项目，为辖区内家庭提供必要的指导与支持，增强家庭的儿童性教育意识，提高父母的儿童性教育能力。二是服务内容的创新性。创新服务形式、丰富服务内容是提高服务参与度、增强服务影响力的有效方式，如何在满足需求的同时促进项目创新，也是黄浦区妇联进行项目立项的重要关注点。由上海乐娃青少年体育俱乐部承接的“我和爸爸的挑战日记”项目，打破了传统的以妈妈和子女为主的亲子教育服务，借助体育锻炼的形式，增进了爸爸与子女之间的交流与互动，改善了亲子关系。三是服务成效的持续性。项目实施的成效与影响并非一朝一夕即可达成，持续性的项目实施与发展才能实现服务成效的深化与拓展。因此，在2018年购买服务时，黄浦区妇联继续保留了“果色family·走进绿色”“果色family·绿街坊”“蓝丝带爱心关护”“青春纪念册”等项目，以期在满足需求的同时，增强项目实施的长效性影响，并形成具有黄浦本土特色的品牌性服务。

（二）从规范走向专业：强化项目运作的现实成效与影响力

在2014—2017年的项目实施过程中，通过引入专业的第三方评估机构来加强对项目实施与运作管理的规范性指导，黄浦区妇联购买的多个服务项目在实施、财务管理、档案管理、人员管理、风险管理等方面日趋规范有序。承接方基本能够按照项目化运作的要求对所承接的项目进行实施与管理，且取得了初步成效。

在2018年项目监管过程中，黄浦区妇联与第三方评估机构——上海现代公益组织研究与评估中心达成一致意见：在项目完成规范化建设的基础上，重点关注项目实施的专业化和成效性。其中，对于多数延续性项目来说，进一步突出服务的专业化水平，增强组织自身服务能力的同时，还要提升服务质量，扩展项目的社会影响力。以“青春纪念册”项目为例，该项目由上海市阳光青少年社区事务中心承接。作为一家专业的社会工作机构，上海市阳光青少年社区事务中心进一步加强对服务对象的专业支持与指导，提升服务对象的自助能力。承接方既要加强项目实施的规范性，也要注重形成以成效为导向的服务内容，树立成效测评意识，逐步提升服务的社会知晓度与实际影响力。

经过近几年的购买服务实践探索，从初步探索到持续推进，再到深化发展，黄浦区妇联在全区逐步搭建起了一个较为规范有序的向社会力量购买服务的平台，并逐步形成了一套符合本土实际的购买服务实践模式，既积极响应了中央及市委的群团组织改革精神，有效践行了市妇联及本区所制订的妇联组织改革实践计划，切实构建起一种社会化的妇联服务机制，进一步改变了妇联传统的工作服务思路，又借助专业社会力量推进职能转移、促进分工合作，初步实现了群众工作方式方法的优化创新，为创新基层社会治理贡献了实践智慧。

第四节　妇联向社会力量购买服务实践的成效分析

本节主要基于对购买服务实践的特征和操作范式的总结，阐述黄浦区妇联向社会力量购买服务实践所取得的现实成效，探讨妇联在参与社会治理实践方面的现实成果，以及对群团改革目标的回应程度。

一、多重特征：群团改革背景下妇联购买服务的实践机制

经过近几年的持续探索，黄浦区妇联从需求把握、购买程序、督导评估、品牌建设等多个方面出发，已逐步形成了一套较为完整、规范、专业的购买服务实践机制，这既推动了购买服务的规范化、专业化、本土化发展，也进一

步增强了妇联组织自身与妇女群众的紧密联系，积极回应妇女群众的现实诉求，切实发挥桥梁纽带作用。黄浦区妇联购买服务的多重特征如下：

（一）以群众需求为导向，借助区—街—居三级联动，把握社会痛点

为全面把握、知悉居民的现实所需，增进与妇女群众的密切联系，黄浦区妇联结合妇女儿童家庭工作实际，通过问卷调查、走访社区、网络投票、开展座谈会等多种方式，广泛收集区域内妇女群众的服务需求。具体而言，街区妇联干部不定期地走进各个基层社区，借助民情调研、走访社区、开展座谈会等形式，进驻社区，直接走访居民群众，增进妇联组织对弱势群众的物质关爱与人文关怀。同时，通过拉家常等方式，妇联干部全面把握基层群众的难点、关注点。而后，妇联干部对所收集的服务需求、痛点难点等进行汇总分析，确定年度服务议题，并通过街道妇联主席再征求居民区妇联及社区居民的意见。在紧扣年度工作重点的同时，形成了以老“三八红旗手”关爱、贫困青少年支持、失独家庭服务、重症妇女支持、家庭亲子教育、妇女成长发展等议题为核心，来向社会力量公开征集服务项目的模式。通过此种需求探析与项目征集方式，既能够充分找准居民痛点，贴近现实需求，也能够确保服务项目落地实施的可行性，提高服务供需匹配度。

（二）以专业标准为抓手，利用规范化模式增强自身组织能力

在充分把握妇女群众现实需求的基础上，为进一步实现购买服务平台规范化、标准化建设，黄浦区妇联还逐渐摸索出了一整套较为规范、完整的购买服务程序，这对提高妇联自身组织能力具有重要意义。

(1) 项目申报阶段。黄浦区妇联通过线上、线下平台向社会公开发布年度项目征集通知，鼓励社会组织、企事业单位等结合自身优势，积极申报服务项目，并对上报的服务项目进行梳理、汇总以及初步筛选，由区妇联领导班子成员、各个科室负责人、第三方评估专家等共同协商确立入围项目。

(2) 项目评审阶段。黄浦区妇联组织公益领域的专家学者、第三方评估机构、区妇联领导班子成员、部室负责人以及项目申报方等共同召开立项评审会，通过“项目展示＋现场评议”的形式筛选出年度立项项目。

(3) 签约培训阶段。黄浦区妇联组织项目承接方进行签约,下发《项目实施工作指南》等指导性文件,借助由第三方评估机构所提供的专题培训来进一步明确项目实施重点与督导评估安排,以协助各承接方更规范、顺畅地开展项目。

(4) 过程监测督导阶段。第三方评估机构协同黄浦区妇联干部分别对项目实施予以支持,其中评估方主要从第三方的角度对项目服务活动进行不定期现场监测,对服务活动的实施情况进行指导与支持。妇联干部在实地了解项目实施情况的基础上,协助承接方化解项目所遇到的问题,积极为其链接资源,提供支持与引导,以更好地推进项目的顺利运作,提升服务质量。

(5) 中期交流指导阶段。建立由委托方、承接方、评估方及行业专家组成的评审交流平台,借助"集中评估+现场评审"的形式,先由评估方对项目档案资料进行查阅,再在评审现场由承接方就半周期内项目实施情况、服务特色或亮点、所遇问题等进行分享,并由评审团对各个项目进行专业指导,确保项目稳步实施。

(6) 总结评估阶段。由督导督促承接方做好项目总结工作,评估方对各项目进行实地评估,由多元主体组成的专业评审团以交流会的形式对各个项目开展末期评审,进一步总结项目实施成效,为项目发展提供可行意见。

(三) 以督导评估为载体,通过全过程咨询提升群众服务质量

为确保项目服务质量,提高项目承接方的专业能力,黄浦区妇联组建了一支包含第三方评估机构、区妇联工作人员、相关街道妇联干部的督导团队,并编制了《项目实施工作指南》《项目督导工作指南》等规范性文件,对实施项目进行全过程的督导支持。在项目实施期间,督导团队每月不定期分组到项目点进行现场指导,再结合每月督导例会、中期推进会,及时解决承接方在项目实施过程中遇到的问题,总结创新经验。第三方评估机构则以过程式监测和结果式评估相结合的方式,科学考量项目实施过程及其成效,积极发挥"以评促建、引领创新"的作用。此外,针对项目共性问题,督导团

队开展了项目管理、财务管理、成效测评等专题式培训与咨询，以进一步促进项目优化升级。在项目后期，督导团队配合评估方完成了末期的评估工作，并在项目结项前召开督导会议，以回顾项目实施过程，总结服务经验，提升服务品质。

（四）以品牌建设为重点，通过多渠道宣传扩大妇联的影响力

为进一步提高妇联组织的社会影响力，黄浦区妇联积极树立先进典型，扶持女性社会组织，打造品牌项目，以提升社会组织和项目的社会认知度：一是在“三八红旗手”“三八红旗集体”“巾帼文明岗”和“巾帼建功标兵”评选中，推荐社会组织或先进人物，激励女性社会组织成长进步的积极性；二是在社区、企事业单位中开展“寻找最美家庭”品牌活动，各方社会力量广泛参与，多角度展现“最美家庭”的风采，以不断扩大黄浦区家庭文明建设的示范效应；三是积极实施“走出去”战略，参与上海市公益伙伴日、家庭服务博览会、婚博会等大型活动，展示女性社会组织的服务品牌。

总之，结合群团改革精神和区域内基层治理现实情况，黄浦区妇联通过搭建向社会力量购买服务的平台，转变传统工作理念与模式，积极引入、汇聚社会力量，借助项目化、专业化、社会化服务方式，与包括社会组织在内的多重社会力量建立了良好的合作伙伴关系，形成了具有黄浦特色的购买服务模式，从而在较大程度上推动了自身探索性的改革实践，在积极体现政治性、先进性、群众性特征的同时，也逐步体现了社会性这一本质属性。

二、现实效应：项目规范运作下全面增强妇联的群众性

2014 年至 2018 年 6 月，黄浦区妇联向社会力量购买妇女儿童家庭服务项目共计 92 个，购买服务的金额共计 9 057 759.42 元，涵盖了儿童服务、家庭关系与教育、老年人关爱、妇女支持、“四新”女性发展、社区治理、社会组织培育等多个服务类别，并先后与 50 余家民办非企业单位、基金会、社会团体、企业及事业单位等建立了良好的合作伙伴关系，为推动项目的健康有序实施奠定了坚实基础。具体购买服务情况详见图 6、图 7 和图 8 所示。

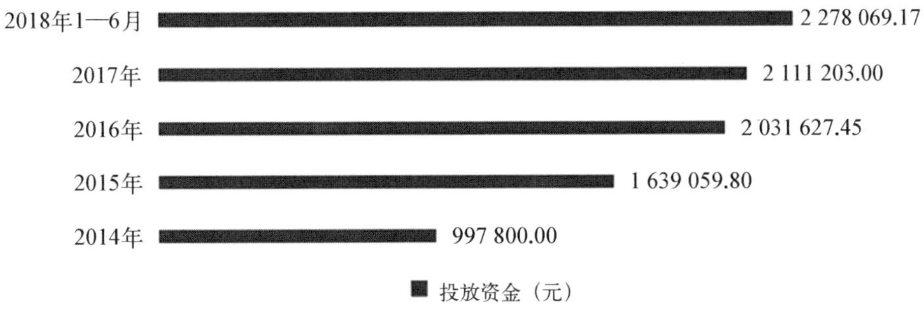

图 6　2014 年至 2018 年 6 月黄浦区妇联购买服务的金额

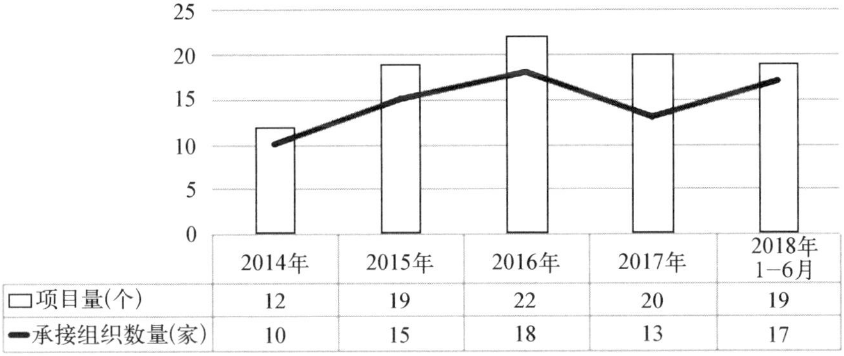

图 7　2014 年至 2018 年 6 月项目量与承接方数量变化

总体来看，近几年来，黄浦区妇联向社会力量购买服务日益彰显出项目类型丰富、本土特征凸显、新生力量萌发、服务影响扩散等多重特征，服务成效显著，且有助于实现妇联一直所倡导的“资源向基层下沉、力量向基层汇聚、服务在基层提供”的发展理念。具体而言，通过向社会力量购买服务实践，可从以下几个方面阐述其对妇联组织改革的回应与形成的现实效应。

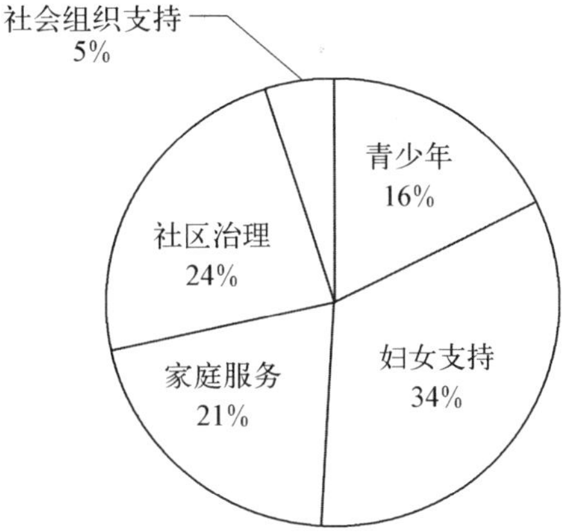

图 8　2014 年至 2018 年 6 月购买服务项目领域占比

（一）深入基层，增强了妇联干部洞察社会热点的敏锐性

通过向社会力量购买服务，妇联干部的工作更贴近居民的实际需求，服务内容更具深入性、专业性、创新性。具体来讲，一方面，通过与社会组织等社会力量合作，妇联干部通过问卷调查、走访、参与基层活动等多种形式，不仅对社区困难群体、社会热点议题等有了更为敏锐的意识，增进了对老“三八红旗手”、失独家庭、重症困难妇女等群体的关注程度，加强了对父爱缺位、儿童性教育匮乏、外来女性融入与支持有限等热点话题的分析，还深化了对“四新”女性、妇女之家干部等新服务领域的探索，进而将服务需求、社会议题与年度工作计划相结合，增强了妇联组织的社会服务能力。另一方面，妇联组织在与社会组织协作的过程中，积极探索社会化服务机制，从单一个体行动到多个主体协商合作，不仅吸纳了外部优秀服务力量与资源，开拓了服务与工作思路，拓展了服务范围与影响，而且还使妇联干部的各项工作在服务重点、形式多样、内容创新等方面有了明显的改进，形成了妇联干部与社会组织相互支持、共同成长的发展形态，进一步加深了妇联干部与基层妇女群众的联系。

（二）需求为本，提高了妇联组织回应群众诉求的精准性

在近几年的购买服务实践过程中，黄浦区妇联围绕居民的实际需求，结合区域工作重点、街道工作难点，从区级层面持续向社会力量购买各类服务项目，并由各个街道以“点单”形式选取与自身需求匹配的服务项目，而后由承接方落地实施，区妇联则从多个角度对组织培育、活动实施予以支持，实现服务群众的目的。目前，各承接方已在各个街道开展了一系列妇女儿童家庭相关服务，社区居民受益颇多，包括解决现存生活困难、丰富精神文化生活、促进家庭关系和谐、增加居民互动交流、挖掘个人潜能等。以上海市阳光善行公益事务中心所承接的失独家庭项目为例，从社会工作者敲开门，予以心理疏导，到老人走出来，参与社区活动，再到同辈间相互取暖，形成兴趣小组，最后再到团体设立储蓄罐，认领暖心项目，用行动回馈社会。整个过程中，失独家庭从单一个体走出来，逐步形成支持性小组，并用自己的一

份薄力服务社会，从被动接受服务到主动参与服务，这对其个人、家庭乃至社区所带来的改变与影响尤为显著。

（三）多方合作，增强了妇联组织推进购买服务的规范性

在项目实施过程中，黄浦区妇联从购买之初便引入了专业的第三方评估机构。通过全过程督导与专业评估，第三方评估机构协同妇联共同加强对承接方的有效引导与服务项目的规范化运作。一方面，由于黄浦区妇联向社会力量购买服务这一实践尚属新生事物，在初期，多数妇联干部对购买服务的认知有限，未能切实转变工作思维。经过近几年的实践，在委托方、承接方、评估方等多方的共同合作下，这一实践既促使妇联干部进一步加深了对社会服务、社会工作的认知与理解，又打破了传统工作思维与方法，借助社会组织的力量共同为妇女群众提供了更优质、高效的服务。另一方面，多方合作为承接方开展规范、专业的服务提供了有力的引导与支持，有助于提升承接方的服务质量和项目管理能力。

（四）扎根社区，构建了妇联引导下多主体参与的新格局

从整个社会层面来讲，黄浦区妇联立足社区现实需求，引入辖区内外社会组织服务力量，以项目化的形式阶段性地推进各项服务内容的实施，既较大程度上满足了社区多元化、复杂化的需求，也进一步增进了公众对妇联、社会组织及公益服务项目的认同，彰显了妇联组织所具有的社会服务职能。同时，社区居民在结合自身的现实需求来积极参与社区服务活动的基础上，开始从被动接受服务向主动参与服务转变。在社会组织的引导与支持下，社区居民发掘自身的内在潜力，由服务接受者转为服务提供者，逐步形成了一些社区自治组，如五里桥街道的志馨失独家庭志愿者服务队、瑞金二路街道的绿街坊志愿者服务队等。这些社区自组织一方面将社区零散的个体凝聚起来，增进了社区组织化发展，扩展了社区服务力量；另一方面，在区妇联、社会组织等支持下，社区自组织越来越多地参与社区服务、社区治理，进而借助由个体所形成的团体力量逐步推动社会公共服务的健康发展，真正形成了多元主体参与社区治理的格局。另外，随着各类与公众息息相关的

公益项目和社会组织的社会影响力与感召力日趋增强，整个社会正在形成一种“人人为公益、公益为人人”的新风尚，社会关怀不断增进，城市温度显著上升。

三、联动共治：多元主体协同下推进妇联参与社会治理创新

当前，在创新社会治理的时代背景和政策环境下，结合群团组织改革对妇联组织转型发展的现实要求，黄浦区妇联积极搭建向社会力量购买服务的平台，借助项目化运作方式引入多元治理主体，在社会治理创新方面开展了一系列富有成效的实践探索，持续贡献了妇联组织在治理实践中的独特智慧，同时也有效回应了群团改革中对妇联组织增强“三性”、去除“四化”的内在要求。具体表现在以下几个方面：

（一）积极培育社会组织力量，增强妇联组织的思想引领

作为党领导下的人民团体，妇联组织具有政治性和社会性双重功能。面对创新社会治理、满足美好生活需要的现实诉求，妇联组织应在保持政治性、先进性的同时，不断强化群众性特征，发挥枢纽型组织的深层优势，充分履行内在的社会化职能。需要指出的是，妇联组织和社会组织同为社会治理创新的重要主体力量，前者的社会化职能恰恰与后者的专业服务使命高度契合，这就为两者建立合作伙伴关系、协同推进基层社会治理奠定了基础。

自2014年开始项目化运作以来，黄浦区妇联积极转变传统工作思维，着力破解妇女群众工作既有难题，强化自身干部力量，借助向社会力量购买服务平台的搭建，持续引入50余家社会组织，全面参与到妇女儿童家庭服务及社区建设之中，既弥补了原有服务力量的不足，提升服务专业化水平，同时也有效地扩展了传统妇女儿童家庭服务的范围，拓展了妇联组织的影响力。据了解，所引入的社会组织中，既有品牌性的社会工作服务机构，也有专精化的社会团体、协会，还有资源优势突出的基金会，其服务领域涵盖了青少年教育、各类女性支持、家庭关系改善、社区居民自治、社会组织增能等多个

维度，较大程度上为社区服务与社区治理实践注入了新活力。从其参与治理实践的成效来看，一方面从妇女群众实际需求出发，社会组织利用专业服务方法、链接多重资源、搭建支持网络，逐步缓解了失独家庭、服刑人员子女、贫困家庭、癌症康复期妇女等弱势群体所面临的紧迫问题，营造了良好的社区邻里关系，为推进社区治理创新奠定了坚实基础；另一方面，立足社区发展性需求，在区妇联、街道妇联的支持下，社会组织积极培养居民骨干力量，培育、孵化了多个社区自组织，引导并影响了越来越多的居民关心社区事务、参与社区服务，为社区发展建言献策，推动了社会协同、居民广泛参与的社区治理格局的形成。

（二）全面加强各部门间联动，形成治理实践的叠加效应

在具体实践中，黄浦区妇联深知自身的某些不足，虽有社会组织力量的引入与培育，但依然需要加强与其他政府机关的协同、联动，突出各自的内在优势，凝聚治理合力，实现资源使用效益的最大化，以强化治理实践的叠加效应，增强社会影响力。

为此，近几年来，黄浦区妇联根据社区发展所需、妇女群众所急，积极与黄浦区委组织部、黄浦区委党校、黄浦区司法局、黄浦区教育局等多个部门开展合作，既加强了部门之间的资源共享、经验交流、合作互助，从区级层面形成了部门联动、多主体协同、居民积极参与的合作式治理格局，同时也有效地发挥了各部门的自身优势，吸引了更多的治理主体参与基层治理实践，进一步推进了社区治理的创新升级。以黄浦区妇联所开展的普法维权宣传为例，区妇联与区司法局、区法制宣传教育联席会议办公室、区卫生和计划生育委员会联合举办“建设法治黄浦、维权在身边”的维权咨询服务，在积极为妇女群众提供专业化法律咨询、政策解答、健康指导等服务的同时，还借助微信平台、宣传册、社区活动等多种形式推动法治进社区，帮助居民深入了解与自身息息相关的法律常识，增强了社区居民的维权意识，引导居民依法维护合法权益，逐步实现了法治社区建设，这对提升社区治理的法治化水平也具有重要意义。在部门合作的基础上，黄浦区妇联还进一步与女律师

联谊会合作，在“黄浦女性”微信公众号开设“康乃馨普法苑”专栏，通过“以案说法”“你说我议”及“新法速递”等板块定期进行案例剖析和个案跟踪，既得到了区司法局的大力支持和高度肯定，也获得了广大居民的一致认可。

（三）着力推动基层妇联建设，实现社区治理的共治共享

作为基层妇联组织参与社会治理的重要支持载体，“妇女之家”也是凝聚妇女、联系妇女、服务妇女的重要阵地。为此，黄浦区妇联通过资源下沉、干部培养、项目输送等形式，进一步强化了基层妇女组织建设，提高了妇女干部的管理与服务能力，持续增强了基层组织的动员力、号召力、影响力和凝聚力，在把妇联建设成为深受广大妇女群众信赖和热爱的温暖之家的同时，引导并带领更多的社区骨干、社区自组织及居民参与社区治理实践，全面推进居民自治及社区共治共享。

以瑞金二路街道的瑞成居委为例，面对居民对“妇女之家”知之甚少、基层妇联组织活力匮乏的问题，自2014年起，黄浦区妇联将由黄浦区公益文化促进会所承接的“果色 family”系列项目向下输送，为居民走进“妇女之家”找到了“敲门砖”。该项目以绿色种植、垃圾分类、厨房酵素为切入点，吸引居民走出家门，走进“妇女之家”，知道“妇女之家”，并逐步参与“妇女之家”的各类活动，有效地激发了基层妇联组织的内在活力。一批女性居民骨干，积极参与“果色”项目活动及其他“妇女之家”活动，并初步形成了社区自组织——绿街坊志愿者团队。这支志愿者队伍在居委会和居民区妇联的支持下，不仅在社区绿色美化建设中发挥领导带头作用，引导社区居民将“和合坊”建成了“最美弄堂”，还参与协调邻里矛盾、组建社区健康管理小组、慰问高龄老人等更多的社区服务，在社区内营造了良好的互助友爱氛围，真正实现了社区治理的共建共治共享。

四、品牌建设：购买服务实践中优秀项目案例展示

在近几年的服务实践过程中，妇联组织和承接方均取得了不同程度的进步与成长，良好的合作伙伴关系的建立，进一步推动了双方的互惠共赢、

共享发展。与此同时，在承接方得到孵化、培育的基础上，还涌现出多个服务范围广、服务形式新颖、服务内容丰富、服务成效显著的特色项目，在一定程度上推动了妇联组织的服务知晓度与社会影响力。

（一）“果色 family”：绿色治理下“妇女之家”的创新发展

“绿水青山就是金山银山”理念深入人心，“绿色”成为中国一切发展的底色要求，生态文明建设与绿色治理越发受到党和国家的重视。在此背景下，上海市黄浦区文化公益促进会立足黄浦区“妇女之家”的建设需要，为打造社区绿色环境、促进邻里和谐互助、推动基层社区治理，设计了以“绿”为抓手、以“蔬果生活”为驱动的社区微改造服务项目——“果色 family”。该项目共涵盖三个子项目：一是“果色 family 1.0”的“走进绿色”，即以“蔬果生活”为驱动，从衣食住行用中的绿色改变中引发话题，引导居民走出家门；二是“果色 family 2.0”的“绿街坊”，即建设一支具有长效机制的社区绿色志愿者团队，形成社区自治雏形；三是“果色 family 3.0”的“果色社区”，即社区居民因绿走出家门，因绿改变对生活、对环境的认知，因绿提高生活品质，也因绿使社区拥有一个专属品牌。经过近几年的持续推进，无论是社区环境的绿化改造，还是社区绿色志愿者团队的形成，抑或组织及项目的社区影响力，均取得了显著成效。就其整体发展模式及成效来看，可通过以下三个层面加以呈现。

1. 借“妇女之家”发展契机，实现以“知道”为核心的绿色改变

2014 年，恰逢上海市“妇女之家”建设评比之契机，为更好地发挥“妇女之家”的服务功能，进一步增强社区“妇女之家”对基层妇女群众的吸引力、凝聚力和号召力，增强居民的文明礼仪和生态文明意识，引领妇女和家庭建立科学、文明、低碳的生活方式成为各区妇联组织的工作关键。为此，黄浦区妇联借助项目化运作，以公益创投形式资助了上海市黄浦区文化公益促进会的“1＋5 绿色加号之厨房酵素”和“1＋5 绿色加号之蔬果时尚”两个服务项目，分别在老西门街道和南京东路街道的各个社区落地实施，以推进基层“妇女之家”建设。具体来讲，“走进绿色”主要是以“绿”为抓手，吸引居民

走出家门，走进“妇女之家”，了解“妇女之家”。在此基础上，以“蔬果生活”为驱动，向居民倡导绿色生活理念，体验绿色生活方式，以“课程学习＋实践体验＋互动融入”的形式，借助特设的“1＋5”模式，形成互助小组，在一定范围内形成“自治”的雏形，进而帮助居民知道“妇女之家”，知道衣食住行用中的绿色改变，知道垃圾分类三个行动令，知道“1＋5”模式，知道“果色family”，知道绿色共享空间，等等。此外，被嵌入课程中的“5分钟文明小话题”，旨在以轻松的方式为正能量的传播提供途径，从而推动社区居民进一步增强文明礼仪和生态环境建设的意识。

经过近1年的项目化运作，居民从走出家门到走进并认识“妇女之家”，从向妇联干部讲解绿色课程到吸纳居民形成“1＋5”模式，从“被动”完成任务到“主动”积极参与，从课堂学习绿色课程到生活实践绿色改变，从家中阳台绿色种植到携手装扮绿色社区，从互不相识的街坊邻里到交流分享绿植经验的好姐妹，无论是“妇女之家”的内在活力，还是社区居民之间的互动互助，抑或“果色 family”项目的公众认知度，均得到了明显提升，“绿”成为大家共议的话题。

2. 组“绿街坊”志愿者团队，形成以“增能”为切入点的自治模式

“走进绿色”项目主要是让社区居民知道“妇女之家”、绿色改变、“果色family”等，激发居民的参与兴趣，实现从学习到行动的转变。“绿街坊”则主要是建立一支具有长效机制的社区绿色志愿者团队，形成一种社区自治的雏形。具体来讲，“绿街坊”主要是通过对妇联干部代表和居民骨干的系列培训，进一步激发“妇女之家”的活力，引导居民从参与性向主导性转变，建立起一支绿街坊志愿者队伍，挖掘社区需求及资源，形成一种“有人建、有人养、有人看、有人来”且软件、硬件兼顾的社区常态化工作机制，逐步提升社区女性居民的自治软实力，实现自身价值。在项目推进过程中，承接方将种植学与社会工作服务理念相结合，以成长取向的学习小组为形式，注重对居民的鼓励、潜力挖掘，积极推进志愿者增能培训及绿色生活课程培训，通过台账记录、留言感想、点单牌投票、布绿添绿、照片分享、微信群互动等环节，

进一步挖掘居民需求，找到解决办法，以提升居民参与社区活动的热情及自主性，增强居民自治的长效性。

"绿街坊"项目进一步增进了"妇女之家"的活力，吸引了越来越多的居民加入微信群，参与"绿色生活"系列活动，建立起自己的志愿者团队，使"妇女之家"真正成为社区居民交流、协商、互助的重要平台。此外，居民对社区空间的关注度和对社区活动的关注度明显提升。尽管参与者的年龄、性别和职业不同，但均开始关注绿色生活，关注社区绿化环境，进而关注社区发展，共同为社区建设出谋划策，日渐形成常态化服务机制。

3. 促"果色社区"深层愿景，构建以"绿趣"为重点的共治共享空间

随着"绿街坊"项目的持续推进，项目承接方协同社区妇代会、居民骨干逐步形成了一种自我发动、自我组织的长效机制，涵盖了骨干负责制、小组长负责制、微信群管理负责制、监督反馈机制、活动痕迹的记录制度、课程与活动的点单制度等，有效增强了居民参与社区治理的自治共治意识。随着项目的持续推进，项目承接方于 2018 年率先在瑞金二路街道瑞成居委试点开展"弄堂绿趣"项目，以打造社区绿色空间。在原有志愿者队伍的基础上，形成了包括 1 名大组长＋3 名干事＋2 名文书＋1 名讲师在内的 7 人团队，对成员的职责分工进一步完善，加强"微信群"互动交流，并在其中加入"走进绿色"环节来培养"乐绿宣讲师"，以实现"吸新凝旧"的功能。同时还通过主题展览、绿色宣传、易传阅的视频及反映社区快乐的小品，使社区共享空间锦上添花，进而逐步搭建起社区居民自治共治的绿色共享空间。值得一提的是，在项目推进的过程中，志愿者们结合社区居民的需要及自身的种植经验，形成了"托绿所""急救室"①等小空间，进一步促进了居民之间的互助支持、互动交流，邻里关系、社区关系越发和谐友爱。

构建"果色社区"既是"果色 family"项目 3.0 版的目标，也是项目实施的

① "托绿所"主要是当有居民外出旅游或看望子女，家里无人看护绿植时，可以将绿植放在托绿所，由专门的志愿者或其他居民看护。"急救室"是指当家中的绿植出现枯萎、病变等异常情况时，居民可将绿植带到急救室，由专业的绿农老师或志愿者骨干负责"医治"，使之恢复正常状态。

深层愿景。借助社区“绿街坊”自治团队的建立、优化、完善，志愿者骨干协同居民共同参与社区绿色微改造，以打造、维护绿色空间为共同责任，集思广益，积极开展“寻绿、护绿、添绿”活动，使居民的内在潜力和积极性得到调动，形成了一个具有正能量的热爱生活的绿色群体。同时，这支绿色团体还积极参与其他社区服务，如看望并照顾高龄孤寡老人、解决社区居民纠纷等，及时化解社区潜在风险，维护社区和谐稳定，真正形成共建、共治、共享的绿色空间。

总体来看，“果色 family”是一种以“蔬果生活”为驱动的社区自治模式，也是一种以“日常生活”为导向的绿色治理尝试，其从居民喜闻乐见的绿植入手，帮助居民走出家门，走进“妇女之家”，走进社区，学习衣食住行用中的绿色改变，从个体参与式学习到集体行动式改变，从关注家庭绿色生活到打造社区绿色空间，从社区绿色志愿者团队到社区自治共治团队，真正形成了一种以“绿”为抓手，以居民为主导，以构建绿色和谐社区为目标的社区自治共治模式。

（二）“蓝丝带”爱心关护：社会支持下推动弱势妇女回归社区

随着生活模式和生存环境的改变，女性乳腺癌的发病率有逐年增高的趋势，严重威胁着女性的身心健康。自 2008 年起，黄浦区妇幼保健所与黄浦区妇联在共同开展的市政府实事项目“退休和生活困难妇女妇科病、乳腺病筛查”中，已陆续发现数十位患有妇科或乳腺恶性肿瘤的妇女，由于受到经济、文化水平及信息欠缺等方面的影响，其心理和社会支持不足，生活质量下降。为此，从 2014 年 6 月起，在黄浦区妇联的牵头下，黄浦区妇幼保健所开始承接妇联的服务项目，先后为社区癌症康复期妇女提供多种形式的生理、心理、社会支持，逐步提升其主观能动性，用健康的心理和生活态度回归社会。

目前，经过近四期的持续介入与多重支持，问卷调查结果显示：服务对象的焦虑、抑郁评分均低于轻度的诊断标准，心理支持前后两次的评分差距也逐渐缩小，且多数对象已掌握心理调节方法，积极参与项目的各项活动，社会支持网络逐步建立，生活信心得以增强，并逐步开始回归社区、融入社会，成效显著。

1. 扎实推进心理支持，助其保持良好的康复心态

2014 年，黄浦区妇幼保健所首次承接妇联委托的项目，由于缺乏对项目化运作管理的认知，故更多地从医学的角度对服务对象进行基础性心理支持。但是，由于每个人对患病事实的态度存有差异，在进行心理支持与辅导时须采取不同的介入策略。一般而言，患病的妇女群体可被分为三类：一是胆小者，这类人一旦得知病情，就觉得“天要塌下来”，整天处于高度紧张状态，到处看病询问，求证结果；二是开朗者，这类人对于患病事实比较理性，不重视患病后果，而是把更多的心思和精力放在如何过好剩下的时间上；三是无所谓者，这类人的思想比较顽固、偏执，自暴自弃，很难更改想法。

针对不同类型的妇女群体，妇幼保健所采取了不同的介入方式。首先，为每一位服务对象进行量表前测，了解其焦虑、抑郁的基本情况，并在项目结束后进行后测，以充分了解服务介入的有效性。其次，针对第一类妇女群体，妇幼保健所主要从心理安抚、增加疾病知识方面入手，逐步建立信任关系，进而使其培养良好的心态，积极参与康复训练；第二类妇女群体最易于介入，妇幼保健所可引导她们成为群体中的活跃分子，积极参与活动，与其他成员建立良好的互助支持关系；第三类妇女群体需要持续性的引导、支持，妇幼保健所要让她们参与活动与互助小组，进而逐步转变对疾病与生活的心态。最后，根据妇女群体对疾病知识、日常生活指导方面的需求，承接方有针对性地举办了相应的讲座，增进她们对知识的掌握，以更好地帮助其恢复健康。在第一年项目结项时，服务对象的焦虑与抑郁评分均有所降低。可见，必要的心理支持与健康干预对患病妇女群体的康复具有积极的推动作用。

2. 积极调动潜在优势，逐步构建互助支持平台

由于服务对象之间存在多重相似性，再加上服务人员持续性陪护支持的有限性，妇幼保健所在持续推进心理支持辅导的基础上，逐步构建起团体

互助平台,促进成员相互关爱,从而丰富和拓展服务对象的社会支持网络,促进其身体康复。

在第二年项目推进过程中,妇幼保健所更加注重成员之间的支持与互助,逐步增强服务对象参与的主观能动性。为了更好地实现对服务对象的全方位支持与引导,切实满足其现实所需,在进行服务前测的同时,承接方还对服务对象进行了详细的需求调查,从多个角度了解服务对象的实际需要与生活困扰。在汇总分析的基础上,承接方有针对性地设计了一对一咨询辅导、团体心理疏导、知识讲座、康复训练等内容,有效提高了服务供需匹配度。承接方注重发挥服务对象的潜在优势,尤其是针对积极参与活动的成员,帮助其发挥自身优势,使其以团队骨干的身份在活动过程中增加对其他成员的引导与支持,从而帮助其他成员转变偏执的心理,积极正向地面对身体疾病。更重要的是,在项目实施过程中,承接方更加注重服务对象之间的互动交流,引导其融入"蓝丝带"团队,使其在参与活动的同时,逐步丰富自身的社会支持网络,进而在成员之间构建起了长效性的互助支持平台,形成了一个互相支持、互相帮助的大家庭。项目末期的后测结果显示:服务对象的焦虑、抑郁评分进一步降低。同时,由于服务对象逐步掌握了一定的情绪调节技巧,即便出现某些情绪问题,也能够实现自我纾解。

3. 持续拓展社会网络,稳步推动社区有序融入

在项目实施的第三年和第四年,承接方在积极推进心理支持、团体疏导的基础上,进一步注重对服务对象身体机能的康复训练,并带领服务对象参与更多的社区活动,推动服务对象融入社区。同时,从老成员当中挖掘出若干名恢复良好、参与积极性较高的骨干成员,采用"一对一结对子"的形式帮助新老成员建立关系。在开放的、动态的娱乐活动中,志愿者(老成员)会主动与新成员互动,逐步形成互助关系,帮助新成员更快地改变对疾病的不良认知,积极参与活动。

借助"蓝丝带"爱心关护项目前两期的实施,承接方帮助服务对象走出家门,学习、掌握识别和预防疾病的知识,正确看待身体疾病,并逐步丰富、拓展

她们的社会支持网络，而后进一步推动她们对社区活动的关注。“蓝丝带”爱心关护项目恰如一个社会支持平台，抑或个体走向社会的缓冲平台，将洒落在社区各个角落的个体凝聚在一起，帮助她们解除心理困扰，扩展社会支持网络，在逐步撕掉原有标签的基础上，渐渐回归社区、融入社区。

“蓝丝带”爱心关护项目从依靠医学经验来为服务对象提供基础性的心理支持服务、知识讲座，到借助问卷深入调查服务对象实际所需，立足需求设计相应的服务活动，帮助服务对象增进互动与交流，建立起相互支持、相互关爱的互助团队，再到积极发现和培育骨干成员，以“结对子”的形式进一步促进老成员对新成员的引导，并逐步推动项目活动与社区活动的联结，渐进式地引导着服务对象走进社区，了解社区活动，参与社区活动，进而融入社区。承接方运用这样一套较为完整的服务模式，为患病妇女群体的心理支持、心态转变、身体康复、社会融入等均提供了有力的支持与引导，以专业化的服务方式为妇女群体提供了有效服务。

（三）阳光家园：社会工作介入下失独群体的互助共生

作为联结个体与社会的重要载体，家庭的变迁直接影响家庭成员的幸福感与归属感，进而影响社会的和谐稳定。失独家庭中家庭成员的身心健康问题应受到重视。由于痛失独生子女，心理压力得不到释放，很多父母长期处于抑郁状态，甚至部分父母还会在适应压力的过程中激发出反社会行为，这对个体的健康发展、社会的和谐稳定均造成了不同程度的损害。基于此，上海市阳光善行公益事务中心（以下简称“阳光善行”）从 2013 年开始申报失独家庭关爱服务项目，先后获得了市慈善基金会、宋庆龄基金会、东亚银行、上海市妇联、黄浦区妇联等多方的大力支持，在缓解老人悲伤情绪、建立互助支持团队、搭建社会支持网络、推动社会倡导等方面取得了显著成效，得到了来自服务对象、社会公众、落地街道、妇联等多个主体的一致肯定，社会知晓度与影响力明显提升。

在项目推进过程中，阳光善行通过专业社会工作者的介入，借助社会工作专业服务理念与技巧，立足于失独老人的紧迫性、现实性需求，有针对性、阶段性地开展了一系列专业服务活动，有效改善了失独家庭的现存困境，并逐步形成了一套规范化、本土化、专业化的服务实践模式。

1. 建立信任关系："走进去"与"走出来"

作为一个特殊服务对象群体，失独老人面临着多重问题：一是情感受损，精神受到巨大的打击，致使身体逐渐衰弱，甚至患上重病或陷入抑郁；二是由于缺乏经济供养、生活照顾和精神慰藉等，返贫现象日益突显；三是失去独生子女后，开始逃避社会，拒绝社会交往，甚至回避亲人，封闭自我，造成心理障碍。

基于对失独老人的现实需求与困境的分析，阳光善行的社会工作者展开服务的第一步就是与失独老人建立信任关系。在居委会的协同与支持下，社会工作者挨家挨户地走访失独家庭，或是打电话，全面了解老人的基本情况。在走访过程中，社会工作者充分发挥专业优势，积极运用同理、倾听、沟通等服务技巧，从"吃闭门羹"到"走进家门"，再到积极倾听老人的伤痛并予以安慰，逐步得到了老人的接纳。这也使社会工作者进一步感知到失独老人对关爱的渴望，进而积极引导老人走出家庭，走进社区。据了解，第一年，社会工作者走访了230多户失独家庭，愿意出来参与活动的有70～80户。

社会工作者通过上门走访、组织集体活动、陪伴及真诚接纳老人，与失独老人建立了良好的信任关系，为后期开展服务奠定了坚实基础。

2. 构建互助小组："原子化"个体到"关爱性"支持网络

随着社会的加速转型，单位制的解体使个体的原子化、离散化现象日益突出，失独老人更是处于社会的边缘，成为散落在社区的原子化个体，这不利于老人的身体与心理健康发展。因此，推动老人社区支持网络的建立和健全，使其重回社区就至关重要。

在与失独老人建立信任关系之后，社会工作者以社会支持理论为基础，借助各类团体交流、服务活动的开展，帮助走出家门的失独老人重建社区支持网络，形成互助支持型小组。由于失独老人之间有着相似的家庭遭遇与情感体验，彼此更容易同理与支持，进而以互助团队的形式增强沟通、交流，增进感情，形成关爱型社会支持网络。在项目实施的过程中，为进一步帮助失独老人走出阴影，恢复正常的生活状态，在建立互助团队的基础上，社会工作者还开展了一系列服务活动。一是开展主题沙龙活动，以节庆日为主题，将失独老人聚在一起，降低其在大型节日时的失落哀伤感，使失独老人们抱团取暖，实现自我疗愈。二是开设学习小组，根据失独老人的兴趣爱好，为其提供智能手机培训班、舞蹈培训班、益享健康培训班等。一方面，提升老人对继续生活的兴趣，使他们跟上社会发展的节奏，丰富日常生活；另一方面，也能够进一步增进老人之间的交流，巩固既有支持网络，逐步形成自己的生活圈。三是积极组织志愿者活动，即把相对年轻的、身体健康状况良好的失独老人组织起来，对接年老的、身体健康程度较低的失独老人，以结对子的形式增进团体之间的互助关爱，同时体现低龄老人的生命价值，帮助他们提高生活信心。在整个过程中，社会工作者更多地发挥了引导者、支持者的角色，帮助失独老人构建起支持网络，从而以更好的状态面对生活。

3. 形成志愿服务队："重构意义"与"志馨回馈"

随着项目的持续推进，越来越多的失独老人走出家门，走进阳光家园，重新构建起自己的社会支持网络，增进相互关爱与沟通互动。据阳光善行的社会工作者表示，通过参加一系列活动，失独老人敢于面对以前不敢面对的事情了，他们有了自己的平台，有了自己的支持网络，从而逐步实现了认知上的改变，增进了生活的信心。

在前期构建起社会支持网络的同时，部分失独老人在社会工作者的持续鼓励下已逐步从受助者转向助人者，逐步放下失独的"标签"，切实发挥自身的内在优势，积极参与活动，进一步融入社会。在此基础上，社会工作者为老人开展"日行一善，周行一善，月行一善，季行一善"的活动。具体来说，"日行一善"是每天实现一个善愿，坚持 21 天；"周行一善"是每周存一块钱，放在印有"善行"标识的储存罐里，形成每周做公益的理念；"月行一善"是每个月发一条正能量的或是宣传好人好事的微信，看到生活中的真善美；"季行一善”是每季度清理家里的闲置物品，捐给“飞蚂蚁”[①]，或者捐给阳光善行对接的公益机构。通过做善事来影响老人的认知、行动与生活。其中，通过“周行一善”募集到的钱用于支持其他贫困的失独老人或社区其他有需要的人，从而使老人以自身的实际行动回馈社会，增强自我价值感。在越来越多的失独老人加入志愿活动后，社会工作者还协助老人在每个街道建立了“志馨”志愿者服务队，旨在通过参与社区服务来回馈社会。

在近几年来阳光家园项目的实施过程中，在妇联等多主体的支持下，阳光善行的社会工作者利用专业的服务方法对失独家庭进行干预，积极整合各类服务资源来解决失独老人面临的问题，成效尤为显著。更值得一提的是，在项目实施中，阳光善行还积极开展社会倡导，在全面了解失独家庭需求的基础上，向黄浦区政协就失独家庭政策关怀与服务递交提案，从区层面重视对失独家庭的关爱，进一步发挥了社会工作的专业价值。

第五节　实践局限性：共治共建下妇联购买服务的经验反思

虽然，经过近几年的向社会力量购买服务的实践，黄浦区妇联在扩展服务覆盖范围、创新工作机制、优化服务效能、增强社会影响力等方面取得了一定的成效，但从深层次来看，仍存在着一些不可忽视的问题，我们将这些问题视为当前购买服务推进、深化群团改革的实践局限性。

一、理解局限性

长期以来，妇联组织自身兼具双重角色，并要将“党政所需、妇女所急、妇联所能”三者实现有机结合，而向社会力量购买服务成为妇联组织构建社

① “飞蚂蚁”是一个互联网环保回收平台。

会化服务机制的重要改革实践之一。在购买服务实践的过程中，一方面，黄浦区妇联高度重视项目的立项、实施管理及服务成效，积极为项目的落地提供资源支持与引导；另一方面，在与社会组织互动的过程中，部分妇女干部对合作伙伴关系的理解有限，较多停留在将社会组织理解为下属，多以行政命令下达要求，如要求承接方每月发送工作计划、定期汇报项目、提交总结报告，随时要求承接方填写表格等，无形中增加了承接方的行政负担。

二、指标为本

当前，不少社会组织因承接项目数量多、服务人员有限、专业能力不足，往往出现“指标式”“活动式”“交差式”等现象，致使服务成效参差不齐。这既是当前政府购买服务广泛推行的意外性后果，也是直接导致社会组织走向“工具主义”“实用专业主义”的原因。

就黄浦区妇联所购买的妇女儿童家庭服务项目来看，部分项目存在“指标式导向”，即在开展服务项目的过程中，较多地注重服务活动频次、人次的完成，“为了项目而实施项目”，忽视了项目立项的预期目标与深层影响。同时，部分服务项目已持续推进多年，虽在社区内抑或服务群体中产生了一定的影响，但缺乏对服务内容、服务成效的长远性思考，承接方的学习能力、成长能力、自我造血能力不足，持有一种“等着、靠着、候着”的心理，难以满足委托方和群众的新需求。

三、两“极”发展

自 2014 年开展向社会力量购买服务以来，一部分项目因现实需求、可持续性、品牌建设等原因得以延续下来，也有一部分项目因新领域需要、服务形式创新等原因而不断得以更新。在黄浦区妇联于 2018 年度购买的服务项目中，既有运作三年以上的成熟项目，这类项目无论是运作规范性还是服务实际成效均呈现比较突出的特征，同时也有刚实施满一年的新项目，这类项目需要加强规范性。由此看来，两类服务项目对比鲜明，前者越发成熟完善，后者却面临着被终止购买的风险，不少项目往往因为规范性不足、服务成效有限等原因被淘汰出局。因此，服务项目的延续与否成为各个承接方担忧的关键点。从长远来看，新项目发展层次参差不齐，既不利于购买服务模式进一步朝向规范、专业的方向发展，容易造成服务层次的分化，也不利于妇女群众需求的有效满足，同时无形之中还增加了项目指导与组织培育的难度。

第六节　关于进一步优化黄浦区妇联购买服务模式的若干建议

近几年来，黄浦区妇联对购买服务模式的探索无疑取得了一定的成效，但目前仍然有一些方面阻碍着黄浦区妇联改革实践的深化和社会治理能力的提升。基于此，本节将尝试从以下几个方面对黄浦区妇联下一阶段的购买服务实践提出相关的优化建议。

一、深化政社分工与合作，构建互惠式合作伙伴关系

一是进一步深化妇联与社会组织之间的分工与合作，增强自主空间。在购买服务的过程中，妇联要明确与社会组织的职责分工，立足妇女群众的需求，结合自身所困和社会组织所优，积极践行“让专业的人做专业的事”，为社会组织开展服务提供必要的自主空间，以提高专业服务效能。同时，妇联组织要进一步“打开门”，持续扩大自身的影响力与社会知晓度，为自身与社会组织的互动合作创造空间。二是积极构建起一种有序合作的互惠式伙伴关系，促进优势互补。作为党领导下的人民团体，妇联组织在与社会组织合作的过程中，既要履行作为购买主体的监督管理者角色，也要协助社会组织共同推进服务的顺利实施。因此，妇联和社会组织应充分发挥各自在服务社会公众方面的内在作用，相互信任，加强彼此间的联动，在创新妇联组

织工作机制、深耕社会功能的基础上，扩展服务影响，深化服务成效，推动以社会组织为代表的整个社会力量的健康有序发展。

二、深化党建带妇建机制，提升妇联的聚合力与组织培育力

一是要进一步强化党建引领，充分发挥党建（群团）服务站的平台作用。强化妇联组织与街道、其他群团组织的协同机制，发挥各自优势，畅通沟通协作机制，建立共享式资源服务平台，融合互补、相互借力，联手提高服务群众的精准性和有效性。同时，针对各个站点所处区域、对象群体不同的特点，借助项目化服务机制来因地制宜地开展更多更具吸引力的服务项目，让服务站“实起来、动起来、活起来”。这既能为项目落地提供重要的支持，也能进一步借助服务站的力量，深化项目影响。二是要积极贯彻落实社会组织增能服务计划，实现对项目和组织的双重培育。在加强党建引领、建立资源共享服务平台的基础上，妇联应携手第三方评估机构及高校智库，积极落实区域社会组织的增能成长计划：一方面，要借助专题培训、工作坊、交流会、论坛等形式，提升承接方在项目设计、项目实施、项目管理等方面的专业能力，增进组织间相互学习交流，不断提升项目运作的规范性、专业性；另一方面，要结合当前社会组织在发展过程中存在的诸多困境，从组织内部管理、专业能力、沟通管理、风险管理等方面入手，开展对社会组织的能力体系建设，从而切实推动社会组织在深化妇联改革、参与社区建设、创新社会治理等方面发挥应有的作用。

三、创新购买与评估模式，建立分类监管式评估机制

一是建立“绿色通道制”和“末位淘汰制”，激发社会组织的内在动力。在本年度各个项目整体实施情况和终期评审会的基础上，妇联应结合下一年度工作重点，评选出个别优秀项目，使之享有“绿色通道权”，直接“免试”进入下一年项目购买目录，排在末尾的项目则面临被淘汰的风险。二是积极引入新的专业组织，增强组织和项目之间的“鲇鱼效应”。在发布下一年

度招标公告时，妇联应进一步加大对购买服务项目的对外宣传推广力度，既要积极寻求其他区域优秀且与妇女群众需求相契合的服务项目，也要进一步引入区域内外优秀的专业社会组织，激发组织之间的良性竞争，以更为优质的服务满足妇女儿童家庭的现实需求。三是建立差别化、多层次的分类监管评估机制，助力项目及组织的健康有序发展。结合下一年度所购买项目的基本情况，妇联可按照实施年限与组织能力将项目分为三类：新晋型项目、发展型项目、成熟型项目，并根据不同类别项目的发展需求、运作能力、提升空间来开展差别化和多层次的监管评估工作，并辅以不同侧重点的专题培训或工作坊。其中，对于新晋型项目，既要加强对项目的全过程跟踪评估，也要从项目实施与管理的规范性方面予以指导，促进项目规范化；对于发展型项目，更倾向于对其专业性的强化，进一步凸显项目成效；针对成熟型项目，则偏重于品牌打造，真正形成具有黄浦特色的项目标杆。

综上，近几年来黄浦区妇联在群团组织改革的多重要求下，立足区域妇女群众及社会组织发展实际，积极探索并形成了向社会力量购买服务的实践模式，逐步构建了一种社会化、项目化、专业化的妇联服务机制，这对深化群团改革、创新工作机制、提升治理能力等均具有重要意义。然而，当前新的社会矛盾促使妇联仍需进一步深化组织改革，增强群众工作本领，妥善协调政治性与社会性的双重职能，在推动“党政所需、妇女所急、妇联所能”三者有机结合的基础上，逐步迈向一种“以群众需求为导向、以社会为本位”的改革实践方向，真正使妇联组织成为推进国家治理体系和治理能力现代化的重要力量。

第七节　结　　语

中国妇女第十二次全国代表大会明确要求：各级妇联组织要认真贯彻落实党中央决策部署，紧紧围绕保持和增强政治性、先进性、群众性这条主线，进一步强化问题意识、增强自我革命勇气，以更大力度、更深举措深化妇联组织改革，把妇联组织建设得更加充满活力、更加坚强有力。作为党亲自缔造和领导的妇女群众组织，妇联组织始终肩负着联系群众、服务群众、凝聚群众的重要使命。为进一步深化群团改革，聚合妇女群众力量，黄浦区妇联立足区域发展实际，积极借助项目化、专业化、社会化服务机制，建立健全向社会力量购买妇女儿童家庭服务的机制，逐步形成了一套具有黄浦本土特色的购买服务实践模式，在满足妇女群众需求、提升自身服务能力、创新群众工作体制机制和方式方法等方面取得了一定的现实成效与影响，切实回应了群团改革的要求。当下，针对既有改革实践的局限性，作为群团组织之一，妇联在未来的购买服务实践中，一是要加强政社分工与合作，构建互惠式合作伙伴关系，有效增强自身的政治性、先进性、群众性特征；二是要进一步深化党建带妇建机制，提升自身对妇女群众的聚合力与对社会组织的培育力，切实提升服务的精准性、有效性；三是创新购买与评估模式，建立分类监管式评估机制，逐步形成具有黄浦特色的服务品牌，助力社会组织健康有序发展。

整体来看，黄浦区妇联在充分认识与理解群团改革要求的基础上，积极探索了新时代妇联组织改革实践的新方式，体现出强烈的时代性、先进性和务实性等特征。从实际逻辑上来看，我们认为，黄浦区妇联所形成的向社会力量购买服务的实践模式，充分发挥了妇联组织在党政与妇女群众之间的枢纽作用，在购买服务实践中积极深化了社会性功能，持续回应了现实需求，进一步凝聚了妇女群众力量，真正推动了自身治理能力的有效提升，从而使妇女群众在共建共治共享发展中有更多的获得感、幸福感、安全感。

深圳市宝安区基层妇联改革三年计划策划书

《关于加强和改进党的群团工作的意见》明确指出:“群团事业是党的事业的重要组成部分,党的群团工作是党治国理政的一项经常性、基础性工作,是党组织动员广大人民群众为完成党的中心任务而奋斗的重要法宝。工会、共青团、妇联等群团组织联系的广大人民群众是全面建成小康社会、坚持和发展中国特色社会主义的基本力量,是全面深化改革、全面推进依法治国、巩固党的执政地位、维护国家长治久安的基本依靠。”新时期必须加强和改进群团组织工作,发挥群团组织特殊优势,组织动员群众、教育引导群众、联系服务群众、维护群众合法权益,为实现“三个定位、两个率先”目标而奋斗。

妇联组织是党领导下的人民团体,是党和政府联系妇女群众的桥梁和纽带,是党开展妇女工作最可靠、最有力的助手。为贯彻落实《全国妇联改革方案》和《广东省妇联改革方案》要求,深圳市宝安区妇联响应群团改革号召,立足妇女事业持续健康发展实际,结合宝安区“十三五”规划“滨海宝安、产业名城、活力之区”的发展定位，借力国际视野和经验打造品质妇联，规划并形成了《宝安区基层妇联改革三年计划》(以下简称《计划》)。《计划》围绕习近平总书记关于新时代妇女工作的重要指示精神，坚持党的领导，坚持改革导向，坚持妇女为本，积极创新引导和动员妇女服务大局的载体与方式，提升妇女服务队伍素质，主动适应“互联网+”新趋势，建设基层妇女服务网络，凝聚各行各界妇女力量服务宝安经济社会发展，为建设现代化、国际化滨海宝安发挥“半边天”作用。

“十三五”时期，宝安区经济社会发展进入新征程，为宝安区妇女事业发展带来新的机遇和挑战。结合新形势、新要求，为助推宝安区妇女事业实现新一轮发展，宝安区妇联锐意改革，提出“开门办妇联”，引入多方专业力量共谋新时代妇女事业创新与发展，进一步引领、带动宝安妇女力量参与“滨海宝安、产业名城、活力之区”的宏伟蓝图建设，共享宝安区经济社会发展成果。

第一节　宝安区基层妇联改革背景

一、宝安区人口结构与社区基本概况

宝安区是深圳市十大辖区之一，全区面积约有 733 平方千米。截至 2018 年年底，全区人口总数约有 528 万人。其中，户籍人口约有 51.5 万人，约占人口总数的 10%；非户籍人口约有 476.5 万人，约占人口总数的 90%。在人口结构方面，宝安区与深圳市的典型移民城市特征具有一致性。宝安区下辖 10 个街道、124 个社区，可统计的花园小区数量为 529 个，工业园区数量为 467 个，城中村数量为 276 个，商圈数量为 163 个，分布着一批信息技术企业、计算机及其他电子设备制造企业或工厂、物流服务企业和传统商贸店铺等，成为外来人口的主要流入地。

二、宝安区女性群体需求分析

宝安区女性人口总数约有246万人，户籍女性人口约有23万人，约占女性人口总数的9.3%；非户籍女性人口约有223万人，约占女性人口总数的90.7%，多数非户籍女性集中在城中村和工业园区生活、工作。女性群体中未婚与已婚的比例基本持平，职业多为一般企事业单位职员或工厂普工，也包括一定数量个体户经营者和全职妈妈。整体而言，女性人口约占宝安区人口总数的一半，户籍女性人口与非户籍女性人口结构严重倒挂，非户籍女性群体对日常生活和公共服务供给的需求日益增长。

调查发现，现阶段两性对性别平等的感受存在较大差距：认为性别平等的男性人数远多于女性，超过20%的公众认为“一模一样”是男女性别平等的基础。大部分男性女性均认为工作待遇、职位晋升和家庭责任是导致男性与女性对性别不平等感受不同的主要因素。在角色认知方面，两性对女性的角色界定都聚焦在家庭、政治、经济和职业领域，对女性提出多元角色承担要求，反映出女性自己对个人角色和能力发展的期望。受社会生活压力的影响，部分女性从传统的家庭领域中释放出来，将视野转向社会领域和经济领域，但信息获取障碍阻碍了她们参与各类社会事务。

对于女性来说，职业偏见和职场潜规则、安全与生理困扰、经济分担和家庭照顾要求、社会舆论压力等会使她们感受到困扰，婚育变化和经济状况会给她们带来不同的压力。大部分女性在遇到困难时会选择依靠自己的能力去解决它，或者向家人、朋友求助。其中，女性收入水平和文化程度越高，求助意愿越积极。

调查结果显示，男性对女性困扰、发展和影响因素的看法与女性的反馈呈现较高的一致性。在细节方面，男性更看重女性在家庭照顾、经济创造和生育方面的价值，也更关注外部环境和社会舆论对女性的影响。

三、宝安区妇联的服务现状

宝安区妇联于2016年率先开展并完成全区社区妇联改建，共有6 493人参与社区妇联代表大会，选举产生125个社区妇联及执行委员1 188人，平均每个社区妇联拥有执行委员约9人。执行委员由企业管理者、企业员工、普工、社区干部、科教文卫事业单位职员、社会组织从业者、全职妈妈、个体户、其他社区居民等组成，其中占比超过10%的群体数量从高到低依次为企业员工、社会组织从业者、社区干部、普工、全职妈妈。同时，宝安区妇联加快服务阵地建设，投入400万元打造区妇女儿童服务中心，推出“女学苑”“女创慧”“家服园”三大平台，构建“1＋10＋126”的区—街道—社区三级服务体系，建成128个“妇女儿童之家”；筹建街道妇女儿童服务中心，与党群服务中心对接设立“馨和家园”工作室等；筹建妇女儿童O2O公益服务平台，建设“互联网＋妇联”网络阵地，通过各种媒体开展日常宣传与公众教育。

在服务方面，宝安区妇联积极推动传统妇联工作向平台化、项目化、社会化工作方式转变。一方面，立足维权需求，宝安区妇联组建“大队伍”、搭建“大平台”、扩充“大服务”，动员政社力量参与、维护妇女儿童权益，依托“智慧宝安”构建宝安区家庭暴力预防与处理工作体系，形成由政府主导、跨专业合作、社会参与的全区统一的家庭暴力预防与处理平台；另一方面，宝安区妇联继续开展各类公益服务项目、巾帼志愿者服务活动以及“三八”国际劳动妇女节、母亲文化节等主题活动。同时，宝安区妇联还探索了通过项目形式为不同服务群体提供个性化服务的途径。宝安区妇联先后以妇女、儿童和家庭为服务对象，开展了“慧美女性成长互助”项目、外来女工流动学校公益培训、“忘忧草”女童援助项目、“蒲公英”0～3岁儿童家庭成长服务体系、母亲素质提升“金虹行动”等14个项目，并于2017年举办妇女儿童项目创新大赛，筛选并支持10个优秀的创新项目落地，为宝安区妇女儿童提供了精准化的服务。

第二节 "十三五"规划背景下宝安区妇女服务工作规划策划书

宝安区区委、区政府瞄准中共深圳市第六次代表大会提出的建成"现代化国际化创新型城市"新目标，抓住建设粤港澳大湾区战略，服务国家"一带一路"倡议的战略机遇，充分发挥宝安地处粤港澳大湾区核心的区位优势，提出了创新驱动、滨海提升、智慧引领、人才强区、民生优先、绿色低碳、街道发展七大发展战略，以及宝安区"滨海宝安、产业名城、活力之区"的战略定位。宝安区妇联借"十三五"发展契机，按照"开门办妇联"的工作思路，结合宝安区女性群体的需求，参考国际经验和各界视野，精准定位现阶段宝安区女性群体服务方向，力图打造"智慧妇联、品质妇联"。

一、工作目标

通过建设社区妇联凝聚宝安区妇女多元人才队伍，构建基层妇女服务网络，凝聚两性力量，共同打造"智慧妇联、品质妇联"。

满足女性日常生活与发展需求，改善女性在家庭和职业中的自我认识、认同和价值感，鼓励并引导女性参与政治经济等多领域活动，投身社会治理。

培育并支持基层妇女组织发展，通过社区妇联凝聚各界女性群体，打造女性基层服务阵地，与各类社会组织合作，共同编织社区服务支持网络。

让公众建立符合国际导向的性别平等观念，进而构建有利于女性多元角色发展的家庭支持系统和政治、经济、社会舆论环境。

二、战略定位

信息引领改革。依托宝安区智慧城市示范区建设契机，通过信息技术网络和大数据分析确定妇女工作方向，汇聚各界信息资源，致力于基层妇联改革，推动妇女服务发展，实现公共服务均等化覆盖。

女性全面发展。瞄准宝安区人才强区战略目标，增强对妇女能力建设的支持力度，提升妇女参与政治、经济、社会事务的力度，建设妇女高层次人才队伍，促使妇女参与宝安区的政治经济文化社会建设。

两性共享共建。围绕宝安区民生幸福城区建设目标，以性别平等为核心，引导社会公众关注与妇女相关的议题，支持并参与妇女行动，共同营造有利于妇女发展的舆论环境，建构两性和谐社会关系。

三、行动策略

宝安区各级妇联遵从《中华全国妇女联合会章程》，以代表和维护妇女权益、促进男女平等为基本职能，结合现阶段宝安区女性群体需求，为推进并实现宝安区各级妇联改革发展，现对未来三年的妇联工作建议如下。

（一）建立妇女需求与服务信息平台

1. 收集动态数据

日常收集官方及社会调查数据。依照政府年度数据信息统计频次，定期收集统计局、公安局、卫生健康委员会、民政局以及其他部门的社会调查数据，动态收集社会组织服务调查数据信息，筛选与妇女工作相关的官方数据及材料，经归类整理后编录存储入库，以作为阶段性分析的数据。

动态收集宝安区妇女的阶段性需求。建立宝安区妇女需求数据信息框架，依托公益项目大赛以及日常公益项目活动，支持社会组织分领域开展妇女需求调查与分析，收录各类项目活动数据；建设“巾帼义工调查队”品牌队伍，分阶段、按类别地持续开展妇女需求调查及信息收集工作，动态掌握宝安区妇女群体的信息；委托第三方专业机构定期开展阶段性、规模化数据核查与分析，从整体上为妇联了解和规划妇女服务提供依据。

2. 研究与妇女相关的议题

引入国际视野和专家学者。组建宝安区妇联专家智库，邀请并委托具有经验的专家学者及专业机构进入宝安，结合宝安社会发展实际相关议题研究，如女性友好城市和社会环境建设、女性多元角色发展、女性婚育状况与发展影响、女性职业价值等，协助妇联开展工作规划，依据研究结果增删或调整对应职能下的普惠性和专项性工作内容。

组织跨界对话和公众研讨。以研讨会、工作坊和沙龙的方式，邀请政府、企业、高校、专业服务机构和居民自组织等多方主体进行跨界对话，围绕需求度高、有代表性的重点群体开展针对性研讨，借以回应与妇女日常生活息息相关的社会议题，如女性创业、女性职业角色与发展、预防性侵害、防止家庭暴力、全职妈妈的自我与家庭照顾等。

开展线上线下互动活动。依据研究结果编制性别议题清单，每月通过网络平台向社会公众征选活动议题，并按月举办与性别议题相关的漫画展、摄影展等主题活动。同时，结合社会事件或者节假日，借助专家论坛和跨界研讨契机，不定期在网络平台和公共空间同步与公众围绕同样议题进行讨论。

3. 建立妇女需求与服务信息平台

建立数据库。建立宝安区妇女需求信息数据库，规划宝安区妇女需求信息动态收集长效机制，定期收录宝安区女性人口与群体结构数据（含社区妇联结构数据）、社区女性群体类型及结构信息概貌、宝安区女性群体阶段性发展情况与需求数据等，动态把握宝安区妇女需求状况，引导社会组织立足需求，开展服务。

建立信息库。建立宝安区妇女服务信息库，建设政策信息、服务信息、需求信息、资源信息等与妇女服务配套的信息枢纽平台，梳理国内外先进地区的妇女服务经验、宝安区政治经济文化社会建设发展信息、宝安区内外各类基本公共服务政策信息或服务、与妇女权益保护及需求有关的法律法规以及政策文件等，借助基层妇女组织或者第三方力量进行定期核查、更新，确保信息资源的时效性和适用性。

建立资源库。建立宝安区妇联工作资源库，多维度梳理区内外资金资源和服务信息，联结供需信息和资源，建立“需求—服务”循环回应的信息资源运作机制，依托新媒体网络将区内外的个人和组织、资金和物资等可支持妇女服务的信息资源集中起来，整合政府与民间的福利资源，定期对库内资讯进行更新、维护和检视，形成区内外合力的妇女服务资源网络。

4. 开展社会服务指标监测和成效评量

开展社会性别统计和监测。借鉴发达国家和地区的经验与手法，结合深圳市社会性别统计指标体系研发成果，探索宝安区性别平等评价体系。引入第三方专家力量编制宝安区性别平等档案，使用性别分类统计数据，列出性别平等工具清单，依据清单检视和推进性别平等的倡导工作。

开展社会服务成效评量。从现阶段部分具备条件的妇女服务入手，通过日常报告、走访、抽查和阶段性总结等方式开展妇女服务成效监测与度量，了解现阶段宝安区妇女需求满足和问题解决的程度。可考虑委托第三方专业机构介入部分已成熟的项目，对项目的可持续发展进行系统化评估。

（二）构建普惠与个性兼具的妇女服务体系

1. 推动普惠性服务全面覆盖

推送公共服务信息资源。依托宝安区妇联工作资源库，筛选可回应宝安区妇女群体需求的有效信息，并收录进社区公共服务资源手册或独立编制成册，提供给有需要的个人；开展妇女权益维护宣传活动，将与妇女权益保护切身相关的法律法规资料、安全与健康保障的政策资料、日常安全与健康维护的资源和渠道、临时或紧急的安全与健康救助资源和方式等信息，直接传递给有需求的群体，提高信息传递的有效性。

推进公共服务均等化政策的制定过程。加强妇女权益维护，发挥妇女维权站作用，健全对妇女的司法救助和法律援助体系；促进针对妇女的社会保障和社会救助制度建设，协助建立并完善覆盖城乡妇女的医疗保障制度，保障老年妇女的基本养老服务，推动社会福利和救助资源向困境妇女倾斜，推动非户籍妇女逐渐享有均等化的基本公共服务。

建设公共服务补充体系。为妇女提供个人情绪或情感支持，建立社区救助支持机制，为遭受到冲击（如职业伤害、家庭暴力、环境损害等）的女性提供紧急救助或临时救助，协助权益受损妇女恢复正常生活。针对非户籍妇女的基本公共服务需求，从医疗与健康、继续教育、临时救助等较为急迫的需求入手，在社区优先开展可满足补充性公共服务的活动。

2. 分类开展个性化服务

加强妇女人才队伍建设。资助妇女发展计划，依循宝安区人才建设战略，加大女性技术技能人才引进和培养力度，保障妇女参与科技创新的权利；促使妇女通过社区教育和新媒体课程提升个人能力；组织开展各行各业妇女优秀人才评比、表彰活动，大力宣传各级各类先进女性典型。

支持妇女参与多元领域活动。通过委托服务、项目购买、活动经费补贴等方式支持旨在赋权妇女的专门活动，为妇女提供实体平台和网络平台，创造并增加妇女参与多元领域活动的机会；细分人群及发展需求，推动妇女参与社会事务决策，探索建立可满足女性在政治、经济、社会和家庭等领域多元发展期望的服务体系。

精雕现有妇女服务活动。立足区妇儿中心“女学苑”“女创慧”“家服园”等服务阵地优势，以女性多元角色发展为核心，规划有利于女性人才全面发展的项目服务体系；盘整妇联现有 14 个项目的成效，了解项目对单亲母亲、职业女性、困境妇女等特殊群体的需求满足情况，深挖项目活动在促进妇女发展中的价值，推动项目精细化运作；改善以往妇女服务碎片化的局面，结合妇女多元角色发展需求，梳理宝安区妇女服务现状，重塑妇女服务模块；结合服务成效监测和评估结果，对现有服务进行调整或完善，以成效和目标为导向，开展新一轮服务设计，推动妇女服务可持续发展。

打造社区妇女服务品牌。深挖社区妇女需求，借助基层妇联执委及妇女代表的力量，定期深入群众开展社区调研，动态掌握重点群体的阶段性情况，尤其要及时关注并掌握遭受家庭暴力、性骚扰的弱势妇女的情况，因需开展社区服务活动；结合群团改革背景，创新妇女服务思路，支持街道、社区妇联依据社区需求开发妇女服务品牌，尝试通过公益项目大赛激活基层创意和活力，挖掘民间智慧，打造丰富多彩的社区服务项目，促进妇女在社区发展中实现个人的价值。

3. 建立长效可循环的服务机制

夯实区及社区服务阵地。完善“馨和家园工作室”建设，推动街道妇女儿童服务中心建设，指导各街道和社区编制妇女服务清单，上接区妇女儿童服务中心的信息资源，下连社区各类服务主体及场地资源，打造社区服务阵地；优化并拓宽社区服务边界，动员社区妇女发挥自身优势，编织妇女互助支持网络，依托社区资源打造服务品牌。

建立服务规范和工作指引。编制妇联工作手册，按类分级建立妇女服务标准规范和工作指引，指导各级妇联建立规范化工作意识，引导各类妇女服务组织依法依规开展活动；建立妇女服务管理与监督机制，在确保供需一致的前提下，定期监测妇女服务活动成效，从整体上把握工作进度和工作质量，同时为向街道及社区妇联输送智力、人力、信息资源做好储备。

（三）织造多主体合作的妇女社会支持系统

1. 开展性别平等教育倡导

实施性别平等公众教育。从建立清晰并符合国际导向的性别平等观念入手，整合社区党群服务中心、学校资源，开展有针对性的性别平等社区教育工作；通过新媒体等开展性别平等公众教育；设立性别平等教育课题，并向社会公布研究成果；为相关服务人员提供培训。

开展聚焦性别议题的公众倡导活动。依托“互联网＋”辐射效应，探索网上网下多边互动模式，采用举办画展、动漫观影等多种形式，增强公众性别意识，促进公众对女性事务的关注，引导社会公众尊重并接纳女性安全及发展需要，共同建立社会预警防护机制，避免女性遭受伤害。

2. 营造社会支持网络

推动性别视角融入制度设计。倡导从法律及政策层面进行改进，在妇女权益保障、防止性骚扰防御、反家庭暴力等法律和政策制定中，积极推动体现性别平等原则的立法视角，提高妇女参政比例和参政水平，推动性别意识进入决策主流，逐步影响政府决策的目标、策略和行动，体现性别视角，探索现阶段群团工作在解决群众问题上的新思路、新方法与新策略。

拓展妇女的政治参与渠道。创造机会和条件，推动广大妇女了解宝安政治经济社会文化发展信息；建立网络发声和社区参议平台，构建"互联网＋妇联"网络阵地，开展网络问计问策活动；打造社区妇联实体阵地，并邀请妇女代表列席妇联会议，倾听妇女政策决策观点、社会事务管理意见以及个人发展诉求。

完善家庭与社区支持系统。结合女性对身边支持系统的期望，通过"新家风建设"提升家庭成员对家庭无偿劳动价值的认知，促进家庭成员尊重和认可女性家务劳动价值，改善女性家庭支持网络，使女性在家庭中获得接纳，从而自我接纳并认同自我价值，营造平等和谐的家庭文化环境；健全社区家庭服务体系，促进家政服务机构发展，推动家庭服务行业规范化、信息化，引入托老、托幼等家务辅助机构，探索多元化及弹性的儿童照顾服务。

营造安全与职业发展平等的环境。打破妇女参与经济和职业发展的壁垒，建设安全和免骚扰的职场环境，协助妇女发挥经济创造和职业发展潜能，如推动妇女参与企业经营管理，完善妇女创业扶持服务体系，拓展妇女创业就业平台，开展妇女职业发展引导和能力训练等。

推动性别友善的城市空间与社会环境建设。倡导性别友善城市环境建设，借力宝安区国际化、城市化、现代化建设契机，建议政府投入经费预算，推动公共场所女厕、母婴空间、家暴庇护所等场所的设立，形成适合妇女生理和心理活动的公共场所环境；灵活运用新媒体，引导政府、企业、社会组织等共同关注妇女发展需求，为妇女构建良好的社会支持网络。

3. 盘活社会力量参与共建

加强社区妇联队伍建设。依据群团改革要求，加强社区妇联队伍建设，提升党委、人大、政协以及居委会中女性的比例，以新一届妇代会为契机，改善并充实社区妇联结构，关注社区妇联中的收入、文化、婚育和户籍妇女结构，充分吸纳各职业类型、阶层以及具有积极意愿的妇女代表共同议事，保障有能力、有意愿参与社会管理的妇女有机会、有渠道参与社会政治事务。通过社区妇联深入倾听弱势群体的声音，了解社区弱势妇女的自身想法及利益诉求，推动妇女广泛参与基层社会治理。

支持妇女社会组织发展。以“女学苑”“女创慧”“家服园”为平台，打造集智创新空间，引入第三方智库型和支持型社会组织，基于宝安区妇女群体需求，培育和支持本土妇女社会组织发展，推动社区内不同类型妇女组织的建立，并提供培训以提升妇女社会组织的能力；支持妇女组织开展多种形式的服务活动，释放基层妇女群体活力，打造百花齐放的社区妇女服务面貌。

激发各类社会主体参与。引入区外服务妇女的社会组织扎根宝安，邀请企业、专业服务机构等各类社会主体加入服务网络，充实宝安社区社会服务力量，与本土妇女社会组织相互促进，合力构建能够满足宝安区妇女服务需求的多层次服务体系，探索良好的服务可持续发展模式。

迈向社会本位：地方妇联的改革实践机制探索[①]

在中央群团改革背景和新时代共建共治共享社会治理格局的双重驱动下，地方妇联组织改革实践如火如荼地进行着。本文以一个地方妇联改革实践的案例为基础，在对既有理论视角进行批判性反思的同时，尝试以涂尔干(Durkheim)的社会团结思想为基础，将“社会本位”作为妇联改革的新型理论视角，深度剖析妇联组织改革实践背后的机制。研究发现，S市A区妇联在改革实践中，基于国家强制性制度要求和现实性发展困境的双重驱动，初步形成了“双轨式需求”“娘家式组织”“专业化服务”的行动逻辑。地方妇联组织通过对社会性的组织属性、协同性的行动逻辑、主体性的结构重组三个要素的获取，实现了不断朝向“社会本位”的内在机理，为当下群团组织改革实践提供了可能的借鉴，真正使群团组织在推进国家治理体系和治理能力现代化中发挥重要作用。

① 本文原刊于《妇女研究论丛》2019年第1期，原文标题为《迈向社会本位：中央群团改革语境下地方妇联的实践机制探索——以S市A区妇联为例》，此次收录略有修改。

第一节 问题的提出

自中华人民共和国成立以来，党和政府高度重视群团组织发展，积极推动群众工作、妇女工作与党的工作的一体化建设，充分发挥了群团组织在联系群众、整合群众、社会动员方面的现实功能。从妇联的历史发展脉络来看，妇联组织与中国共产党之间具有天然的依存关系（马焱，2009），成为某种“类党政部门”（Bill Taylor，2007）或“准政府组织”（徐家良，2003），体现出明显的“官民二重性”特征（刘威，2015），在自上而下的政治制度安排下形成了特殊的组织性质与功能定位（胡献忠，2015）。最为明显的是，妇联所具有的国家政治性与民间社会性之间存在张力，妇联组织的政治合法性与社会合法性之间矛盾凸显。

纵观我国妇联组织的历史演变过程及组织属性，整体上呈现出以下特征：一是名义化社会性功能向实质化社会性功能转变。长期以来，虽然妇联始终作为妇女群众组织、社会群众团体的身份存在，但其本质上更多地与政府角色一致，具有较强的行政性特征。2015 年群团改革明确要求妇联力戒“四化”、重塑“三性”，切实发挥其在组织结构、贴近基层、沟通平台和影响公共决策方面的显性优势（康晓强，2017），以实现社会本位的回归。二是在国家政治体系中的合法性日趋加强，政治性功能凸显。从“在中国共产党领导下”到“党和政府联系妇女群众的桥梁和纽带”，再到“国家政权的重要社会支柱”以及“党的事业的重要组成部分”“党的群团组织”，妇联与党、政府之间密不可分的关系形态和现实关联逐渐强化，成为党密切联系群众、促进社会整合的重要抓手。三是妇联组织的双重角色身份长期存在。这使妇联组织在具体实践中常常呈现出某种“钟摆现象”（毛丹、陈佳俊，2017），徘徊于行政属性与社会属性之间，出现行政化明显、社会性弱化这一“名实分离”的情形。

针对上述情形，中央党的群团工作会议于2015年召开，启动了全国范围内的群团组织改革进程。通过改革党加强对群团组织的统一领导，保持和增强其政治性、先进性和群众性特征，建立健全群团组织社会化的工作机制，让其回归社会属性，以期改变“名实不符”的群团发展格局。同时，随着新时代下我国社会主要矛盾的转变，在进一步推动妇联等群团组织增强“三性”的基础上，十九大报告明确指出，增强群众工作本领，创新群众工作体制机制和方式方法。这就对妇联组织群众性、社会性功能的发挥与实现提出了更高的要求。在此背景下，笔者长期调研的S市A区妇联在全面反思传统工作方法弊端与局限性的同时，深入探讨了增强“三性”、去除“四化”的核心要义与应用空间，从区域妇女群众工作实际出发，尝试搭建向社会力量购买服务的平台，团结多元主体，试图以项目化、专业化、社会化的运作模式来转变工作思维、延展工作手臂、创新工作机制，以切实发挥服务群众、联系群众的社会性功能，回应改革目标。然而，既有研究较多聚焦妇联的枢纽型社会组织建设（陈伟杰，2016；李璐，2012）、社会治理视域下的妇联改革及其功能发挥（姜秀花，2016；毛丹、陈佳俊，2017）以及新群团观下妇联改革的困境、改革方向及可能措施（陈丽琴，2017；康晓强，2017；彭恒军，2015）等领域，多停留在对制度安排的阐释层面，而对制度创新引领下群团改革具体实践逻辑的深度研究及本土理论建构方面的努力还较为缺乏。因此，本研究的核心问题是：地方妇联在中央群团改革语境下如何执行上级政策，以对中央精神进行在地化、适应性转换？促成这种政策落实与在地转化的核心动力机制为何？在具体妇联改革实践中形成了什么样的实践逻辑？

基于此，本文以A区妇联近三年的改革实践为重点，具体关注以下几个问题：一是A区妇联对中央群团改革要求的理解是怎样的，何以形成一种更加社会化的行动实践取向；二是在对既有理论视角进行批判性反思的基础上，尝试从“社会本位”视角审视妇联组织改革创新的行动实践逻辑；三是深度分析A区妇联组织在改革实践过程中形成上述逻辑的内在机理。笔者主要采取两种方法进行研究探索：一是查阅相关政策文件、工作档案等文献资料，从总体上掌握中央群团改革政策与地方妇联组织开展改革实践的整体思路及其应对策略；二是以S市A区妇联作为个案研究对象，在A区开展近一年(2017年3月—2018年2月)的田野工作，借助深度访谈、参与式观察等方法来全面考察A区妇联如何参与改革、采取何种策略性行动以及在上述双重行动下所呈现的改革困境及其限制等。

第二节　社会本位：妇联组织改革的一个分析框架

长期以来，妇联是政府组织还是非政府组织，其组织属性与职能定位何以确立明晰，以及与党和政府的关系如何等，始终是充满争议却又难以回避的关键问题(陈伟杰，2016；胡献忠，2015；马焱，2009；肖扬，2004)。当前，群团改革成为全面深化改革的重要组成部分，切实保持和增强党的群团工作及群团组织的政治性、先进性、群众性成为改革的核心。然而，以往的理论视角却长期受制于国家与社会关系框架，难以解释新的改革实践。

一、二元结构张力：国家—社会关系框架的解释局限性

在既往研究中，以市民社会和法人团体主义为代表的两种理论范式成为分析国家与社会关系的理论基石，前者更多地强调独立于国家之外的社会空间及其对国家权力的制衡，而后者主要以国家与社会之间的联合协作为关切点，突出国家力量对社会领域的控制、约束与整合(陈家建，2010；范明林，2010；刘安，2009；吴建平，2012)。由于妇联组织是党领导下特殊的群众团体，肩负着重要的政治功能，这样一种“类党政部门”的社会团体具有很强的“国家”色彩。法人团体主义所强调的国家对社会的控制，更多地造成妇联组织陷入“半官半民”的角色困境，导致其社会性功能发挥空间有限。因此，市民社会和法人团体主义理论对于新时期妇联组织的当代使命及其

组织创新存在明显的解释局限性。

为了修正前述两种支配性理论的局限性，乔尔·S. 米格代尔（Joel S. Migdal，2013）提出“社会中的国家”这一理论范式，强调国家和社会互相建构，以及这种互构关系的动态性变化，为研究国家与社会的关系提供了新的分析视角。但是，“社会中的国家”仍停留在国家—社会的二维框架内，不可避免地出现实践中国家与社会之间的内在张力（徐选国，2015），而且这种“社会中的国家”论述与我国长期存在的“国家中的社会”事实相悖（侯利文，2016）。因此，“社会中的国家”范式对回应妇联与国家之间特殊的关系仍存局限性。

此外，近几年来，国内学者基于中国现实所提出的分类控制（康晓光、韩恒，2005）、行政吸纳社会（康晓光、韩恒，2007）、利益契合（江华、张建民、周莹，2011）、嵌入式监管（刘鹏、孙燕茹，2011）、参与式治理（张紧跟，2014）、合作治理（汪锦军，2015；张康之，2012）等分析视角，一定程度上是学界基于中国实践提出的本土经验概念，但是上述视角更多被用于解释政府与社会组织之间的关系，在解释妇联这一特殊组织形态与国家的关系时仍缺乏恰适性和有效性。因此，基于既有理论研究的局限性，如何阐释国家与妇联这类群团组织之间的特殊关系，深入探究妇联组织回归社会本位的内在学理依据是本文的核心任务。

二、分工与合作：涂尔干的社会团结理论及其启示

追根溯源，面对19世纪法国社会所出现的多重危机，涂尔干（2013）在考察个人人格与社会团结的关系问题时，认为社会分工的发展促使个体之间的异质性、依赖性增强，并推动社会形成新的团结形式，即有机团结。同时，个体不再以原子化、离散化的状态参与社会和国家的构建，而是借助社会分工建立起来的法人团体作为中介。涂尔干认为，如果说法人团体改革离不开其他方面的改革的话，那么它就是其他改革的必要条件。由此可见，法人团体不仅是社会的基础，也是政治改革和道德重建的基础。因此，涂尔干将

解决法国社会危机、重构人类生活的希望寄托于与社会分工相适应而出现的法人团体或职业群体上。他倡导重建法人团体，构建次级群体，使其成为国家与个人之间的中间地带，一方面被用来保护个人免受国家暴政的侵扰，促进公民政治参与、培养公民品性；另一方面也保护国家的相对独立，使国家、法人团体、个人三者相互制约，达到均衡状态（魏文一，2015）。涂尔干的社会团结思想为我们思考妇联组织改革的核心提供了理论参考。

（一）政治场域与社会场域的交互

在涂尔干看来，法人团体是由那些从事同一种工业生产、单独聚集和组织起来的人们所构成的群体，具有宗教性和集体利益导向。随着工业革命的推进和社会分工的不断发展，职业占据了个人的大多数生活，作为国家与个人之间的次级架构，法人团体或职业群体不仅能够调节政治冲突、增进政治品性，促进经济社会发展，更重要的是还能够提供一个具体的道德环境，为以利己主义为中心的经济生活提供相应的道德标准，进而培育个体之间的相互团结与情感归属，维护社会秩序稳定。由此，在以法人团体为中介的基础上，通过组织化的方式建构了一个包括政治与社会的公共场域，把个体间分散且弱化的交往压缩至紧密的空间中，增加个体间的情感密度，使个体间的疏离关系转变成组织间关系，在促进个体与国家权威联结的同时，也实现了从个人与国家的二元结构到“个人、法人团体、国家”三重结构的转变，进而为解释国家与社会的关系提供了新的分析视角。

事实上，法人团体早在罗马和西塞罗时代就已存在，但随着国家与社会的发展，逐渐成为政府管理机构的一部分，发挥着行政职能。每个法人团体都被看作一种公共服务机构，并相应地对国家负有责任和义务（涂尔干，2005），但由于依赖国家力量，其伴随着国家的消亡会日趋没落（王庆明，2010）。因此，法人团体只有独立于国家行政体制，回归社会属性，才能发挥自己的组织与道德功能，维护社会的团结与稳定。根据涂尔干的界定，作为社会组织的存在形式，法人团体在社会团结中发挥着社会化功能。法人团体不只是一个权力场域，还带有一定的“总体性”特征（魏文一，2015；肖瑛，2008），即同时在政治生活、经济生活、组织社会生活等方面发挥着重要功能，进而在现代各个领域、价值观念、现实诉求高度分化的条件下，在社会中观层面重组一个“总体性社会组织”①，以加强与个体、国家之间的有机联系。

（二）国家权威与社会本位的交融

基于西方工业社会所带来的个人主义、社会失范、社会关系恶化等现实问题，涂尔干期望借助重建法人团体来调节社会冲突、推进政治改革、构建道德标准，以促进社会团结、维护社会稳定。他认为，作为“总体性社会组织”或“综合性组织”，法人团体兼具经济性、政治性、精神性和道德性，既是现代社会的政治基础，也是社会和道德重建的重要基础。中国正处于社会转型加速期，阶层结构急剧变动、利益格局明显失衡、新型社会风险增加，个体的原子化、碎片化、离散化特征日益明显。那么，如何改变这样一个失范的社会结构，实现社会转型的“软着陆”，构建起一个包容、团结、共享发展的泛利型社会，是当下我国社会体制改革和创新社会治理的核心议题。

群团改革是社会体制改革的重要组成部分，群团组织是创新社会治理的主体性力量。而当前中国现实语境下的群团组织恰恰是涂尔干所阐释的法人团体中的一种理想类型，其虽与党政部门有着特殊的紧密关系，具有政治整合的意味，但同样具有一种“总体性”特征，甚至呈现出一种国家法人团体主义的意蕴。就妇联而言，其一方面满足党和政府的期待，积极在民主参与、民主监督、参政议政以及政权巩固等方面发挥着重要的政治功能，成为党和政府联系妇女群众的桥梁与纽带；另一方面，作为“妇女群众利益的代言人”，妇联要代表和维护妇女权益、争取妇女利益，并协助政府部门处理妇女群众事务、促进妇女发展，以满足妇女群众的多元化、复杂化现实需求。因此，长期以来，作为连接妇女群众与国家的重要桥梁，妇联组织承担着“党政代言人”和“妇女代言人”的双重角色：既要依赖党和政府获得合法的权威

① 需要指出的是，“总体性社会组织”并不等于“总体性社会”，而是从法人团体功能属性的角度所引申出的一种包括政治生活、经济生活、组织社会生活等多个方面的“总体的社会组织”。

地位与相应的支持性资源，完成党政部门交予的行政性和管理性任务，也要充分发挥妇女群众的代表作用，在积极服务于妇女群众的同时，向上表达群众诉求，争取和维护妇女群众权益，有效发挥社会性、服务性功能。正是基于双重性，妇联组织与一般民间妇女团体相比，更具有半官半民的特征。这种双重性似乎容易将妇联置于国家与社会大众的“拉扯”之中。在以往以管理取向为主导的时代，作为一切事务的总管家，国家使作为载体的群团组织也具有了某种行政化属性；而在向治理取向转变的新时代，国家治理本身也最终要聚焦对实现人民美好生活的努力，这进一步引导着妇联组织在传递党政方针、理念和政策时具有了强烈的社会化导向。

三、社会本位：妇联组织改革的组织逻辑

十八届三中全会以来，国家先后提出“创新社会治理体制”“激发社会组织活力”“构建共建共治共享的社会治理格局”等政策目标，这一系列在社会建设领域的重大创新改革实践，在推动我国社会治理体制与治理能力现代化建设进程的同时，也体现了国家对社会、民生的关切与重视。

当前的全面深化改革、社会体制改革、社会治理创新以及共建共治共享格局等战略，一定程度上彰显了国家治理与体制结构的社会性转向，这将为妇联组织朝向一种社会本位的改革目标迈进提供相应的支持力量。

因此，党中央所提出的群团改革精神，体现了对群团组织的社会性功能发挥的要求。密切联系群众，一切从群众利益出发，既是党和政府始终坚持的基本原则，也是一切行动的基本出发点。妇联在组织属性、合法性、行动实践等方面面临多重改革困境，加之当前创新社会治理的深层要求，因此，妇联组织要在坚持“社会本位”思想的基础上，借助自身的政治优势与内化的社会性职能，积极动员群众、组织群众、宣传群众，并以组织化的载体及社会化服务模式来充分发挥其在规范群众行为、反映群众诉求、维护群众权益等方面的特殊作用，创新群众工作体制机制和方法，以全面推进社会团结与和谐稳定。具体而言，本文的研究逻辑如图 9 所示。

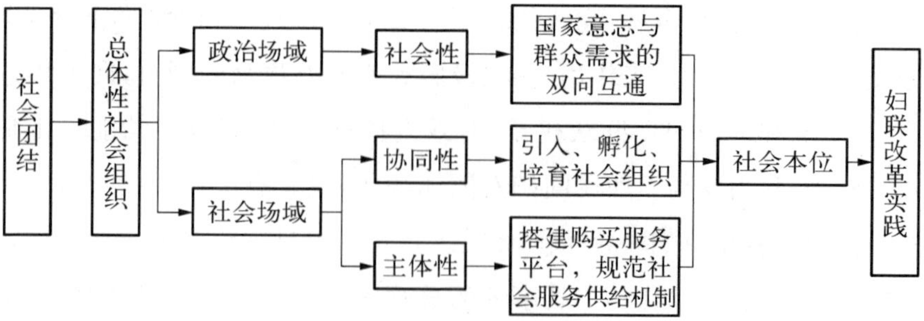

图 9 "社会本位"视角下妇联改革实践分析框架

由图 9 所示，笔者基于涂尔干社会团结思想中对法人团体的"总体性社会组织"的想象，从政治场域和社会场域两个横向维度对妇联改革实践加以剖析。从政治场域来看，妇联因其身份的特殊性而承担着相应的政治职能，但在具体改革实践中通过将国家意志与群众需求的相互贯通与双向对接，回应社会需求，因而体现自身的社会性特征，以有效发挥自身的中间群体角色，实现国家与个体之间的有机联结。从社会场域来看，妇联通过引入、孵化、培育社会组织，充分发挥自身在吸引个体、构建团体、凝聚社会力量方面的组织化载体功能，促进了原子化个体、零散化团体与国家的有机联结。同时，妇联坚持自身的主体性与独立性，借助搭建购买社会服务的平台这一契机来开展迫切性、丰富性、创新性的社会服务，以汇聚社会服务力量，提升社会治理能力。

第三节 案例背景与 A 区妇联改革的行动逻辑

一、基本背景

基于妇联等人民团体的本质属性及其在创新社会治理中的重要角色，十八大以来，党中央不断提出要强化人民团体在社会建设中的职责与作用，提高社会治理现代化水平。2015 年，中央党的群团工作会议召开。这次会议的主要任务是分析研究新形势下党的群团工作面临的新情况新问题，贯彻落实《关于加强和改进党的群团工作的意见》，总结成功经验，解决突出问题，推动改革创新，努力开创党的群团工作新局面。2016 年 9 月，《全国妇联改革方案》出台，要求在机构运行、干部选任管理、基层组织建设等方面进行改革。这从根本上体现了党中央对群团改革实践的高度重视，也表明了群团组织在创新社会治理、加强基层建设中应发挥的功能效用。

作为群团改革的先锋，S 市于 2014 年年底所出台的《关于进一步创新社会治理加强基层建设的意见》以及 6 个配套文件（简称“1＋6”文件）中，突出强调“要发挥工会、共青团、妇联等人民团体的枢纽作用，将联系服务社会群体纳入工作范围，切实发挥资源整合、服务管理作用，承担区域内社会组织发展的专业指导、调查研究、反映诉求、交流合作等职责，成为社会组织公益服务的资源整合载体、规范运行的督导评估载体、自身发展的能力提升载体”。2015 年 11 月，中央全面深化改革委员会第十八次会议审议通过了该市的群团改革试点方案，标志着群团组织改革在全国范围内正式展开。随后，S 市召开群团工作会议，会议表示将在全国率先启动群团改革试点，助力全面深化改革。

对此，S 市 A 区妇联按照党中央、市委和区委群团改革的相关精神，全面剖析新时期传统工作方式所面临的服务对象多元化、妇女群体多样化、服务需求复杂化等多重现实挑战，进一步突出增强“三性”、去除“四化”的改革要求，围绕区域重点工作任务，开始全面搭建向社会力量购买服务项目的运作平台，以期借助项目化模式、专业化方法、社会化服务来积极探索妇联组织工作创新与转型发展的可行路径。事实上，A 区妇联早在 2014 年年初就开始搭建向社会力量购买服务项目的平台，尝试借助项目化运作来扩展其社会性功能。当时主要是由街道妇联推荐优秀的社会组织来承接各类与街道妇女儿童家庭需求密切相关的公益服务项目，以期深化“资源向基层下沉、力量向基层汇聚、服务在基层提供”的群团工作要求。2015 年，在党中央、市群团工作会议精神以及相关改革要求的影响下，A 区妇联结合既有购买服务实践经验,调整向社会力量购买服务的项目立项方式,即改变之前单方面由“街道推荐、区妇联出钱”的模式,而是由区妇联通过居民区走访调研,再结合各科室年度工作重点以及各街道居民的现实需求,确立项目议题,进而公开向社会组织、企事业单位及大专院校等社会力量广泛征集与妇女儿童家庭密切相关的社会服务项目,以扩展购买服务覆盖面,提高社会力量参与度。

二、回归社会:A 区妇联改革创新的实践逻辑

作为一种特殊的群众组织,妇联是党和政府联系与服务广大群众的重要桥梁、纽带,须同时兼顾“党政所需”和“妇女所需”,既要自下而上地推动妇女群众利益需求的传达,也要注重党和政府意志自上而下的传达。然而,长期以来,在总体性社会格局中(孙立平等,1994),妇联组织的社会属性明显弱化。因此,全面转变传统服务与工作方式,加强社会化服务拓展,推动传统妇联工作与社会工作的结合,充分发挥妇联在满足群众需求、维护社会稳定、整合社会力量等方面的组织化、社会性功能,有效促进“党政所需”“妇女所急”“妇联所能”三者的有机契合,推动社会治理的创新升级,具有高度的紧迫性、必要性及重要性。

为此,A 区妇联结合区域内妇女群众工作的发展现实,转变传统行政化、单向化的服务理念和方式,力图将党和政府的意志借助社会化、专业化的社会工作服务模式与方法来让广大社会群众和社会组织感知、理解,并积极运用体制内外的各种服务资源满足居民的需求,进而在持续加强妇联组织与社区居民血肉联系的基础上,进一步推动社区居民和社会组织越来越多地参与到社会服务与基层社会建设之中。经过近几年的初步探索,A 区妇联根据党中央所提出的“切实保持和增强党的群团工作和群团组织的政治性、先进性、群众性”的改革要求,依托“需求为本—专业为力—社会为核”的服务模式,在进一步建立健全向社会力量购买服务机制的同时,初步构建出一条策略性改革实践路线,以期在适应社会结构急速转型的基础上,增强

自身联系社会、服务社会、凝聚社会的能力。我们将此称为A区妇联改革实践的社会逻辑，具体而言体现在以下几个方面。

（一）双轨式需求探析："走街串巷"与"两上两下"

"双轨政治"是费孝通在2006年提出的概念。他认为，政治体系不可能在一根从上向下的单轨上发展起来。任何一套政治体系下，人民的意见都不可能被完全忽视。这就意味着必须存在某种从下向上的平行轨道。一种健全的、能持久的政治必须是上通下达、来往自如的双轨形式。因此，作为党和政府与广大群众之间的"连接器"，妇联组织既要保证国家意志的下达，也要保证基层意见的上传，以逐步构建起一种健康有序、持续完善的"双轨政治"形态，实现党政与妇女群众之间自上而下与自下而上兼备的双向沟通格局。

对此，A区妇联无论是在既有服务工作中，还是在项目化运作实践中，均充分加强了对妇女群众利益需求的关注、收集与传达。具体通过以下三种方式：一是"下社区"，即街区妇联干部不定期地走进各个基层社区，借助民情调研、社区走访、社区座谈会等形式，一方面进驻社区直面居民群众，增进妇联组织对弱势群众的物质关爱与人文关怀；另一方面，通过拉家常、茶话会等方式，全面了解、知悉基层群众的生活难点、社区关注点，进而关注融入贫困帮扶、购买公益服务、基层社区建设等议题，提高供需匹配度。正如A区妇联领导所言：

"我们主席团也好，各科室成员以及下面的街道妇代干部也好，都要下基层、下社区，走街串巷，及时了解居民到底需要什么，这样我们才能开展相应的工作。需求不是我们拍脑袋想出来的，而是通过观察和对话交流得到的。"（A区妇联主席L访谈记录）

这是群团改革的第一步，知需而行。第二步是"架平台"。A区妇联结合社区居民各类群体所需，逐步架设了党政部门与广大妇女群众之间的对话平台。例如，为了促进女企业家联谊会成员参政议政，满足她们主动参与区域发展的要求，A 区妇联先后开展了“共话 A 区灿烂明天”“经典 A 区成就卓越女性”等女企业家与区政府领导的对话交流活动，共同探讨发展所急、参与所需，有效发挥了妇联在党政与居民群众之间的枢纽与“连接器”作用。第三步是“传民意”。一方面，A 区妇联每年通过妇委会、社会组织、基层妇联组织等征集区域内妇女群众关心的一些热点、重点、难点问题，然后通过课题研究的形式形成研究成果，并报送市妇联及相关部门，及时反馈民情民意。另一方面，A 区妇联还积极发挥自身具备的政治协商、民主监督和参政议政的政治职能，向上反映区域内妇女群众的现实需求，以真正践行“妇女代言人”之本责。

值得一提的是，在向社会力量购买服务的过程中，作为委托方和购买方，A 区妇联尤为重视项目立项时的需求调研。通过调研，妇联组织既拉近了与群众之间的距离，使群众感受到组织的关怀，同时也充分抓住了居民和社区的“痛点”，有利于实现供需有机对接、服务实施有效、群众高度认可的预期目标。

（二）娘家式组织拓展：“引进来”与“益起来”

随着市场化体制改革、社会结构分化加速、政府传统职能转变，强国家所推动下的社会转型历程为社会组织的发展提供了制度结构和社会基础。社会组织在蓬勃发展的同时，对社会服务供给、国家社会关系构建等发挥重要作用（纪莺莺，2013；文军，2012；郑杭生，2011）。与此同时，随着社会需求多元化、妇女群体日益分化，妇联单靠自身力量难以满足各类妇女需求，而各类社会组织尤其是女性社会组织的壮大发展，为此提供了有力的支持力量。作为社会力量的发展主体，社会组织既能以规范化、专业化、高效化的社会工作方法满足复杂需求，也日趋成为各类妇女群众以组织化形式来推进自我服务与表达利益需求的重要载体，在很大程度上丰富并扩展了公共服务的供给主体，推进治理主体多元化。

近几年，A 区妇联在积极引入辖区内外优秀社会组织、企事业单位的同时，不断加强对区域内各类女性社会组织的孵化、培育与支持，积极发挥妇联在服务资源供给与链接、妇女社区关系网络重建等方面的枢纽作用，从而逐步推进妇联与社会组织之间良性合作伙伴关系的有序发展，并成为社会组织发展的坚实后盾或“娘家人”。一是“资源下沉”。A区妇联借助自身内在的资源优势，积极为区域内社会组织，尤其是女性社会组织的创立、发展提供相应的资源，包括组织资源、资金、服务平台等。例如，通过项目合作的方式对某文化交流中心的女性心理剧、某公益发展中心的“子路厨房”项目及其旗下的都市原点剧社的话剧演出等提供资金支持；通过“美丽空间”为女性社会组织架设互动交流的桥梁，促进互助合作；通过推荐女性社会组织领袖或骨干担任政协委员、人大代表，以及一些机构中的妇女代表等，提高社会组织的话语权；等等。二是“专业指导”。对于尚处于初期发展阶段的社会组织，为促进其规范化、有序化、专业化建设，A区妇联积极开展相应的人才培训服务，如每年举办“经典女性人才”培训班、专题座谈会等，对女性社会组织带头人进行政策知识、市情民情、组织管理等方面的专业培训，促进不同组织间的经验交流与互助学习，提升组织发展能力，进而为更多女性群体提供丰富多元的社会服务。对此，S机构项目负责人坦言：

“近几年，得益于A区妇联的培育与支持，以项目合作的形式，我们承接了多个与家庭教育、女性支持相关的服务项目。现在，我们机构运作得日趋稳定，而且借助自身专业优势，取得的服务成效日渐显现。”（S机构项目负责人Z访谈记录）

目前，经过近几年的持续推进，汇聚在A区妇联周围的女性社会组织有200余个，逐步形成了以A区妇女儿童促进会为中心平台，直管的女性社会组织为工作枢纽、引入的女性社会组织为工作特色、街道女性社会组织为工作基础的三级组织架构。同时，通过与社会组织所建立的良性伙伴关系，妇联有效地拓展了服务领域。随着这些组织的持续发展，服务方式逐步实现了从形式性走向实质性、从自娱性走向专业性、从联谊性走向公益性的转变，整个辖区范围内逐步形成了“人人为公益、公益为人人”的社会氛围。这些组织日趋成为A区妇联联系群众、动员群众、服务群众的重要载体和支持力量，较好地实现了妇联的职能转变与工作方式创新，并发挥了妇联组织凝聚社会力量，协同参与社会治理的主体作用。

（三）专业化服务模式：“取经打磨”与“有规有样”

社会急剧转型时代下，由于原有组织化机制解体后并未形成新的组织化机制，致使整个社会形态呈现出人际关系冷漠化、社会纽带松散化、个人与公共之间疏离化等特征（田毅鹏，2009；徐选国，2017），这种非组织化情形直接体现了我国社会转型过程中的分化现实。根据波兰尼的观点，人类具有塑造道德共同体的能力，从而将社会改造成共同体，以构建出一种伦理共同体（加雷斯·戴尔，2016）。从这个意义上讲，人类社会存在和发展的目标是形成互惠、互助的共同体，而这种共同体的实现需要一系列组织化机制和策略加以推进。基于涂尔干对法人团体的一种“总体性社会组织”的想象，作为当下中国社会发展语境下的组织化载体，妇联组织介于国家与个人之间，需借助自身所具备的内在优势与资源，突出组织化和社会化的服务功能，在国家与个人之间建立起纽带与桥梁，促进整个社会的共同体建设。

在具体实践中，A区妇联结合党的群团改革精神要求，找准增强政治性、先进性、群众性的核心要义，突出强化“社会性”这一本质属性，注重社会化工作理念和开拓社会化工作方法，凸显其社会性质。自2014年起，A区妇联积极引入专业的社会组织、培育新生社会组织，并不断争取市妇联和各类社会力量的资金支持，持续培育品牌型服务项目，逐步扩展项目覆盖范围及其社会影响力。几年来，A区妇联先后直接资助60余个专业化服务项目、近10个品牌项目立项，投入经费超过500万元；同时，逐步形成了一套科学合理、专业规范的项目化运作机制（如图10所示）。

具体而言，在项目化运作初期，A区妇联领导班子专程前往B区妇联学习、考察，并举办了以探索妇联服务项目化运作为主题的学习培训班，邀请

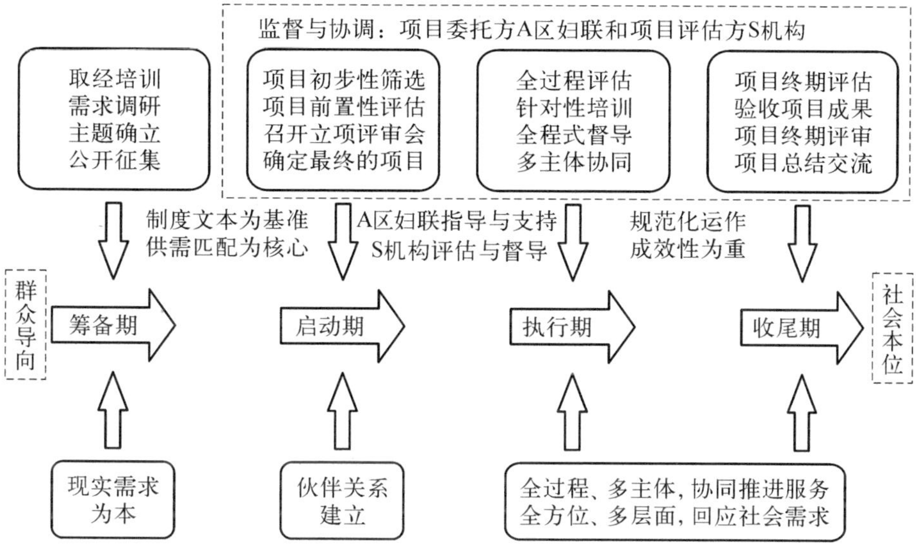

图 10 A 区妇联向社会力量购买服务的运作机制①

社会服务领域专家进行政策解读，促使妇联干部能够从实践和理论两个方面了解向社会力量购买服务的初衷、程序、要求及可行方案，以确保后续购买服务的精准性、成效性。在购买服务初期，A 区妇联初步制定出《向社会力量购买服务项目意见》《征集公益服务项目通知》《项目化运作专项资金经费管理办法》《项目实施工作指南》等一系列制度文本，并委托第三方评估机构为项目实施和监管提供专业化咨询与指导，以提升项目购买与实施管理过程的科学性、规范性、专业性。

在对各个服务项目监管过程中，A 区妇联主席团及科室成员定期参与项目活动，了解项目实施情况及所遇问题，及时予以支持与协调，推动项目承接方在社区顺利落地、有序开展专业服务。同时，在项目中期、末期，A 区妇联通过评审会的形式，形成“高校专家＋实务专家＋第三方评估机构＋区妇联＋街道妇联”所组成的评审团队，切实为各项目实施与发展提供专业性指导意见。经过近几年购买服务项目的实践，项目化运作成效初显：一方

① 基于笔者参与其项目评估过程的实际而制作。

面，拓展了提供社会服务的行动主体，建构起一种多主体协同参与妇女群众服务的互动合作格局；另一方面，服务形式与内容呈现出个性化、多元化、专业化的特征，既满足了不同群体的特殊需求，也吸引了大量居民直接参与社区建设，一定程度上舒缓了潜在的社会问题，共筑社区共同体。

第四节　迈向社会本位：地方妇联改革实践的深层机制探析

改革开放以来，在国家的强制性制度推动下，社会转型加速，社会结构分化，政府传统职能转移，各主体利益诉求趋向多元化发展，形成一种从政治体系与社会体系高度一体化的总体性社会向社会阶层多样、社会主体多元的主体性社会转变的趋势（孙立平等，1994），整个社会逐步呈现出多元互动性、整体有机性及自组织性的特征（刘京希，2017）。作为广大妇女群众的自治组织，妇联从根本上切实转变原有的对政治体系的高度依附性，增强自我治理能力，积极发挥并拓展社会动员与组织能力，不断强化社会性的本质特征，是当前深化群团组织改革，增强政治性、先进性、群众性特征的核心要义。

作为地方妇联的代表，S市A区妇联面对从中央到地方的群团改革要求和可能存在的多重现实困境，积极探索自身改革的策略性实践，重新理顺自身在政治场域和社会场域的角色、身份，在精准掌握群众诉求、汇聚多元社会力量、延伸传统服务领域、有效回应社会痛点、创新基层治理等方面成效显著。究其改革背后的深层实践机制，本文尝试从社会性、协同性、主体性三个层面加以阐述。

一、社会性：作为一种内在的组织属性

结合群团改革精神和《中华全国妇女联合会章程》中对妇联的明确界

定，可以从三个层面理解妇联的组织属性。第一，作为国家政权的重要支柱，政治性是妇联的基本属性，妇联始终要把自己置于党的领导之下，坚决贯彻党的意志和意见，并积极发挥组织、参政议政、政府助手、民主监督、教育等独特功能（梁丽萍，2009；刘莉，2008）。但需明确的是，政治场域内的妇联并非意指国家政权组织，而是通过联系和服务妇女群众来支持党政工作与国家政权建设，双向联动，积极带领更多妇女群众参与社会建设。第二，妇联是广大妇女群众联合起来的特殊的群众组织，究其本源，属于“社会”，即社会性为妇联组织的本质属性，应借助组织化载体将原子化、碎片化、离散化的个体整合起来，并通过社会化服务推动社区共同体建设，维护社会健康有序发展。第三，作为党和政府同妇女群体之间的桥梁与纽带，妇联应充分发挥自身对上、对下的连接作用，积极践行其作为枢纽型社会组织的功能属性，实现党和政府意志的顺利下达和基层民情民意的及时上传，以构建良性社会秩序。因此，从政治场域与社会场域两个维度出发，以“社会本位”为核心，无论是全方位把握妇女群众的现实痛点、推进“双轨政治”格局有序运作，还是引入并培育社会力量参与基层社会治理，以社会化方式拓宽其公共服务范围，抑或以项目化、专业化服务模式有效回应社会现实需求，重塑妇联社会影响力，A 区妇联的改革实践充分体现了妇联理应具备的社会性本质，重新回归社会成为时代之必然。

二、协同性：作为一种组织载体的行动逻辑

从历史发展脉络来看，妇联与中国共产党有着天然且密不可分的联系。处于党政架构之下的妇联隶属党群系统，承担着包括基本工作职能、组织管理职能以及政府转移的行政职能等多方面的行政化、组织化工作，再加上国家通过身份认定和行政管理的形式赋予其公开化的政治合法性，使得妇联组织更多地呈现出一种明显的强行政性、弱社会性特征。因此，面对国家层面所提出的群团改革要求，妇联组织该如何充分发挥在创新社会治理、加强基层建设中的重要效用，从而全面推进国家治理体系和治理

能力现代化至关重要。

随着社会的加速转型，加快政府职能转变、强化政社分工与合作，促使以政府为唯一主体的政治管理逐步转向以多主体共同参与为特征的协同治理（何增科，2013；郁建兴、任泽涛，2012；朱晓红，2016），“政府的归政府、社会的归社会、市场的归市场”的多元共治模式逐渐形成。这种多主体协同参与式治理模式为妇联组织参与基层共治、回归社会提供了可行路径。因此，在具体实践过程中，A 区妇联积极引入并培育包括社会团体、社会组织、企事业单位等在内的多元社会力量，且其自身以一种政府的协同者身份与各类社会力量共同参与社区建设，从而以组织化形式将个体有机整合起来，推动社区共同体建设。与此同时，A 区妇联积极建立健全购买社会服务项目平台，借助项目化、专业化服务形式来进一步满足复杂需求、拓宽服务范围、重塑社会影响。由此，A 区妇联借助这样一种双向伙伴式、协同性的行动机制（与党政协同、与社会力量协同），在促使自身转向社会属性、发挥社会性功能的同时，逐步呈现出一种“强社会、弱行政”的新型特征，真正实现了“党政所需、妇女所急、妇联所能”三者的有机结合。

三、主体性：作为一种治理结构的有机构成

以政治整合替代社会整合的“总体性社会”是一种结构分化程度很低、国家对经济及各种社会资源实行全面掌控的社会形态，其在使国家快速走上经济发展之路的同时，也造成了“强国家、弱社会”之下的种种弊端（孙立平，2011）。总体性社会背景下的妇联组织恰似一种传统单位的形态，国家期望通过这样的群团组织加强对离散化个体、家庭的整合。但是，由于社会空间狭小、社会自组织能力较弱，妇联仍较多地承担着准政府的行政职能，与妇女群众的联系相对有限。然而，随着社会转型加速、社会结构分化、社会分层加剧，主体性社会成为新的发展趋向，由此，国家和妇女群众对妇联组织有了新的期待与要求。那么，何以在新的历史时期借助自身的角色定位实现国家与个体及家庭之间的有效连接，是妇联改革的核心

问题。

具体到A区妇联的地方性改革实践，其在强制性制度变迁下逐步探索出一种本土化的策略性行动机制，借助向社会力量购买服务平台的搭建，以群众导向为核心，瞄准社会痛点、难点，在积极发挥其政治“连接器”功能、构建“双轨政治”格局的同时，突出自身的社会性本质功能，积极汇聚多重社会力量参与到项目化、专业化服务实践之中，以社会化服务理念与方式实现对各类妇女群体的吸纳、整合、凝聚，真正构建起了一种强社会下多主体协同参与社会治理的主体性社会格局。

第五节 结论与讨论

面对妇联等群团组织改革的困境，十九大报告进一步提出，要增强群众工作本领，创新群众工作体制机制和方式方法。这从根本上体现了中央层面要求妇联组织日益关注人民美好生活的重要转向，这使妇联组织的改革与国家治理的逻辑深度契合，强化对社会、民生的重视，回归其社会属性，由此推动妇联改革实践逻辑发生了根本转变。本文通过S市A区妇联近几年来所推行的改革实践，基于社会团结思想，从政治场域和社会场域两个维度构建了社会本位的分析框架，揭示了A区妇联改革实践的行动逻辑和实践策略，进而揭示了以社会本位为核心的改革是如何推动妇联转型的模式，以及这种模式的深层影响机制。

在社会本位分析框架下，笔者发现妇联组织改革实践遵循着一种回归社会、重建社会的内在逻辑，这种逻辑与涂尔干的社会团结思想内在相通。这种社会性改革逻辑涵盖了政治权威和社会化功能两个维度，既保证了妇联组织政治性特征的增强和政治功能的落地，也从根本上进一步强化了妇联组织的社会属性，即借助组织化载体将原子化、碎片化、离散化的个体整合起来，并通过社会化服务来密切联系群众、发现并满足群众需求、维护群众权益、整合群众力量,推动社区共同体建设和共建共治共享格局的形成。在整个改革行动中,A区妇联始终以政治性为基本属性,以社会性为本质属性,一方面建立双轨式需求整合与沟通模式,将党政意志与群众需求有机对接,加强个体与国家的内在联系,促进社会团结;另一方面,扩展组织载体,延伸妇联服务手臂,以组织化的形式引入、孵化各类社会组织,以凝聚多元社会力量共同推进服务型社会治理。在此基础上,A区妇联搭建向社会力量购买服务的平台,通过开展规范化、专业化、社会化的服务项目来协同多元主体,直击社会痛点,回归社会本位,全面推动社会团结与共同体建设,实现社会治理的创新发展。

但是,需要指出的是,由于妇联等群团组织与党有着特殊的隶属关系,已形成了独特的组织逻辑(郭圣莉、杨黎婧、金明,2008),要想真正实现妇联改革实践中回归“社会本位”的目标,单靠转变妇联自身的行动逻辑仍属有限。实际上,由于独特的中央—地方关系,以及同一层级的不同条块之间关系的低度整合性,地方妇联难以真正实现涂尔干认为的社会团结,而更多的是有限的社会团结或社会本位。这从另一个面向体现了涂尔干思想需要与中国当前的中央—地方治理体制、中国人的文化逻辑等特殊要素结合。体制改革、社会结构调整并非一朝一夕即可实现,那么在妇联改革转向社会性的同时,国家仍需要进一步对传统的体制结构、条块关系等进行调整与优化,从而为妇联改革提供良好的制度环境。否则,妇联改革所达至的状态可能只是一种“有限的”社会本位,抑或“披着改革的新衣”。

从研究层面来讲,本文所提出的社会本位分析框架为探寻群团组织改革新型实践机制提供了一个新的视角。通过回溯涂尔干社会团结思想的意涵,进一步明晰妇联的组织属性,深入剖析妇联改革的行动逻辑与实践策略,建构起一种以社会本位为核心的改革实践机制,这对理解妇联这类群团组织的根本属性、治理逻辑均具有较大的参考价值,为全面推进群团组织改革的体制机制提供了新的学理依据,也论述了社会团结思想在当代的应用价值及其与国家治理的耦合空间。本文主要从妇联组织的角度阐释地方群团改革的制度运作与实践逻辑，而群团组织改革是一项涉及多主体、多层面的系统性工程，因此，群团改革实践机制还有待进一步探究。

总体而言，本文所提出的理论分析框架和案例探析弥补了妇联组织属性和群团改革实践的研究缺陷，拓展了涂尔干社会团结思想在我国群团组织改革中的运用，也为后续相关研究提供了理论借鉴。需要指出的是，虽然社会团结思想是涂尔干针对西方社会工业化、现代化进程所提出的核心命题，但是这一命题恰是当下中国社会转型所急需的。另外，A 区妇联的改革实践为其他地区群团组织改革提供了参考模式，有助于进一步明确群团的组织属性及其在改革过程中的基本策略，使群团组织在新时代全面推进共建共治共享发展格局中更好地发挥作用。

集思公益计划终期评估报告

第一节　评 估 背 景

为总结经验并优化集思公益计划的未来运作模式，深圳市现代公益组织研究与评估中心（以下简称“评估中心”）受广东省妇儿工委的委托，对集思公益计划运作与管理的整体情况进行评估。评估中心组建工作组，于集思公益计划执行期间，分别前往集思公益计划项目办和各获资助项目执行地开展评估工作，形成以下报告。

第二节　评估工作说明

一、评估目标

评价集思公益计划整体运营产出、成效及影响，总结集思公益计划运作经验，分析并探讨集思公益计划运作模式在社会参与和社会治理中的有效作用。

二、评估范围

（一）时间周期

工作周期为 2015 年 1 月至 2015 年 12 月。评估中心于 2015 年 3 月开展中期评估工作，于 2015 年 5 月、9 月至 11 月开展终期评估工作。

（二）工作地点

实地走访广东省的广州、深圳、梅州、汕头、潮州、惠州、清远、湛江、东莞、中山、江门、佛山、茂名等地。

三、评估内容说明

依据集思公益计划评估执行方案，评估工作组对集思公益计划整体运营进行梳理，以运营产出、成效和影响为核心，结合集思公益计划执行实际，于中期评估时建立前实验设计假设，于终期评估时建立准实验设计假设，从三个维度设置评估内容，分别建立指标体系开展评估工作。具体内容为：

（一）集思公益计划设置与执行

核查集思公益计划配置和管理实际，评价集思公益计划设置与执行结果，以及配套管理对集思公益计划整体运作结果的支持情况，主要包括运作架构、各方参与、信息沟通和资金、资源投入情况等。

（二）集思公益计划整体运营结果

围绕集思公益计划目标，综合分析各项工作产出、成效和影响，评价集思公益计划整体运营结果，主要包括获资助项目的服务成效与影响、获资助项目团队及执行机构的参与和能力改善情况、社会动员所带来的公众和各界参与情况等。

（三）集思公益计划运作的非预期影响

分析集思公益计划对广东省妇女群体、社会组织和相关部门所产生的非预期影响，主要包括对各地市获资助项目服务人群、项目团队和所在执行机构、社会组织、相关行政职能部门等的非预期影响。

四、工作方法

基于对集思公益计划执行进程的考虑，评估工作组采用混合研究的顺序性解释策略收集并分析评估资料。首先，通过收集集思公益计划整体运营产出和成效方面的定量数据，描述并分析集思公益计划整体运营结果。然后，通过收集和分析集思公益计划周期内运作过程（含调整）、获资助样本项目执行、获资助样本项目执行后服务对象及团队和执行机构的改变、获资助样本项目所在地市可能性影响等定性资料，补充并校正集思公益计划运营的产出、成效和影响。最后，基于上述资料，对集思公益计划不同阶段的数据进行比较分析，以确定其整体运营结果。主要工作方法包括以下两类。

（一）文献资料分析

收集和分析集思公益计划在运作周期内的各项具体工作计划、配套运作管理制度、项目办执行文案和记录、获资助项目执行计划书与结项报告书、媒体报道等文献资料，梳理集思公益计划的目标，建立整体工作架构，初步分析并总结集思公益计划的整体产出、成效和影响数据。

（二）抽样调查与访谈

评估工作组采用分层抽样的方法，于中期根据 1∶10 的比例，按照资助金额、地域分层并随机抽取 9 个获资助项目为样本开展实地走访，对项目执行团队及所在申报机构、90 名直接受益人群代表、5 个地市相关职能部门（妇联、社工委、民政局等）代表进行访谈，邀请接受调查的服务对象围绕项目服务满意度、积极影响和问题解决程度进行评价。评估工作组于终期根据 1∶5 的比例，按照资助金额、地域、项目服务内容分层并选取 17 个获资助项目（含特别资助项目）为样本，在项目执行初期、终期分别进行实地走访，结合项目资料开展焦点小组访谈，同时邀请终期接受调查的服务对象围绕项目服务满意度、积极影响和问题解决程度进行评价，前后共涉及 15 个所在执行机构的17个项目执行团队、直接受益人群代表190人次、5个地市相关职能部门(社工委、财政局、民政局、妇联、团委等)代表20名和社会组织代表3名,并将访谈结果进行对比分析。

评估工作组于中期还对项目办、李嘉诚基金会、广东省社会组织管理局、广东省财政厅、广东省社会工作委员会、中国移动广东分公司及甄选专家小组代表进行访谈,了解集思公益计划运作执行结果,综合分析集思公益计划产生的实际成效和影响。

五、评估工作组设置

评估中心实际抽调深圳、东莞、番禺三地专职工作人员14人组成评估工作组,于2015年3月分三组前往江门市、佛山市顺德区、东莞市、湛江市、茂名市开展实地走访,并配置1名调查专员负责落实对李嘉诚基金会、中国移动广东分公司及甄选专家小组代表的调查工作;于2015年5月和9月分两组前往梅州市、汕头市、潮州市、惠州市、清远市、湛江市、江门市、东莞市、中山市、广州市、深圳市开展实地走访。

第三节　评估结果

一、目标设置

集思公益计划秉持“妇女发展、性别平等、公众参与”的核心理念,以社会服务提升妇女发展水平,公益项目推动社会组织发展,跨部门合作营造社会平等共识,公开透明为宗旨,其目标主要为:

第一,有效回应基层妇女生存与发展的多样性需求,提升妇女的能力及自我价值;

第二,培育社会组织性别意识,提升社会组织管理和社会服务能力,促进社会组织可持续发展;

第三，多渠道、多元化联动公众参与，共同营造支持妇女发展的社会意识和社会环境。

二、管理

（一）运作架构及各方参与

为确保集思公益计划有序完成，在相关行政职能部门和李嘉诚基金会支持下，集思公益计划管理与执行团队由多方主体参与，组建领导小组、项目办、技术支持小组、甄选工作小组等，共同致力于集思公益计划的运营。集思公益计划具体运作架构和各方职责如图 11 所示。

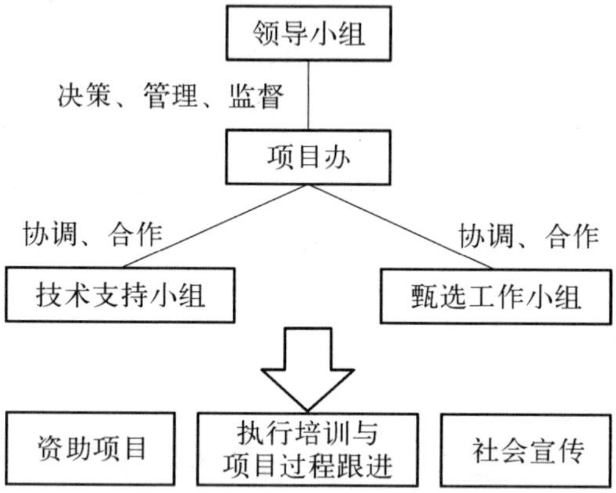

图 11　集思公益计划运作架构

1. 领导小组

集思公益计划领导小组由广东省人民政府、李嘉诚基金会、广东省妇儿工委及相关政府职能部门负责人组成，具体负责以下工作：审核工作计划和年度报告；审核批准实施方案和重要事宜；负责重大问题的决策（计划活动变革等）和实施过程的指导、管理、监督。

2. 项目办

集思公益计划项目办设 1 名项目办主任、1 名项目办副主任及 2 名专职项目官员。项目办主要负责集思公益计划整体运营及实施，定期向领导小组提交有关报告,并对重大问题(工作部署、总结,经费预算和结算等)的决策提出意见和建议并报领导小组审批;指导和监督资助项目的开展和执行;组织召开工作会议、调研,及时掌握项目进展和实际情况;组织开展宣传活动,加强与媒体的联系及合作,维护日常社交媒体内容;配合评估(审计)机构工作,接受监督;等等。此外,广东省妇儿工委协调广东省妇联枢纽办人员协助集思公益计划财务管理等各项工作的实施;同时由广东省各地级市妇儿工委及佛山市顺德区妇儿工委各选派 1 名联络员,负责发布相关通知,协调当地相关政府部门参与推动集思公益计划,以及动员当地社会组织参与有关工作。

3. 甄选工作小组

甄选工作小组由熟悉项目设计和管理、有妇女项目运作经验的 23 名专家组成,负责甄选项目的议题及内容、可行性及可操作性,以及对申请项目进行质量把关。

4. 技术支持小组

由汕头大学、ESD Services Limited 及中国移动广东分公司(第一期)、中国电信广东分公司(第二期)组成的技术支持小组,具体执行建设项目 IT 线上运作网站、建立公众投票系统并协助落实检票验票等相关工作。

此外,集思公益计划接受审计公司对公众投票情况进行检验统计及财务审计。

(二) 资金及物资配置

项目办提供的财务数据显示,集思公益计划实际投入资金总计 22 000 145.74 元,两期项目资助金额总计 18 906 802 元,其中,第一期获选项目资助金额为 7 977 255 元,第二期获选资助项目资助金额为 8 255 525 元,特别资助项目金额为 2 674 022 元。同时,集思公益计划获得广东省社会工作委员会、广东省民政厅、广东省妇女联合会及各地市相关部门支持,在运作过程中链接志愿者、学校、社区场地及多媒体资源投入宣传与社会服务。

（三）其他配套管理

经核查集思公益计划相关工作记录，可知项目办在运作过程中陆续制定《守则及条款》《管理办法》等，并以此作为社会组织项目申报、筛选资助及管理依据。随后，依照项目管理办法，于获资助项目执行期间多次分类开展实地跟进督查，制作《项目执行总结报告》《规范管理项目评估自评表》《优质管理项目自评表》等，指导获资助项目执行团队开展项目执行总结，管理项目执行结果。同时配备《申请阶段基金会及项目办员工内部操作手册》《网络申请表格模板》《官方微博使用手册》《甄选专家工作指引》及《评估细则》指导内部具体工作，保证集思公益计划整体运作有章可循。

三、执行

项目办及时跟进督查项目执行情况，同时于运作过程中为参与集思公益计划的社会组织提供妇女服务和项目管理相关培训，通过妇联系统动员广东省各地市多方主体及公众参与，开展社会宣传活动。评估工作组将各方面执行结果总结如下。

（一）项目筛选与资助

1. 项目资助与执行情况

集思公益计划以“推动妇女发展，服务覆盖区域在广东省范围内且未获其他资助”为筛选原则，经项目申报、申报主体资格审核及申报资料合规性审查、专家甄选、公众投票、第三方监察等工作程序，两期共收到项目申请书2 219份，甄选出入围公众投票的项目1 584个，最终于2013年4月通过公众投票决出第一期获资助项目88个，于2014年6月通过公众投票决出第二期获资助项目89个，专家甄选出特别资助项目29个，两期资助项目共计206个。项目分布情况如下：

按项目资助金额划分，获资助金额为1～50 000元的项目有92个；获资助金额为50 001～100 000元的项目有107个；获资助金额为100 001～500 000元的项目有6个；获资助金额为500 001～1 000 000元的项目有1个。

按项目执行机构所在地划分，项目执行机构位于珠三角地区（含广州市、深圳市、东莞市、佛山市、江门市、中山市、珠海市、惠州市和肇庆市）的项目有130个；粤东西北地区（含梅州市、汕头市、潮州市、揭阳市、河源市、韶关市、清远市、湛江市、茂名市、阳江市和云浮市）的项目有76个。

按项目服务领域划分，涉及教育领域的项目有92个；涉及劳动就业领域的项目有41个；涉及医疗卫生领域的项目有20个；涉及文化体育领域的项目有44个；涉及残疾人康复社会服务领域的项目有9个。

按服务对象群体划分，主要服务对象为妇女的项目有140个；主要服务对象包含妇女及儿童的项目有33个；主要服务对象为儿童及青少年的项目有24个；主要服务对象为老年人的项目有2个；主要服务对象为家庭的项目有7个。

2. 项目执行结果

评估工作组收集两期获资助项目执行资料并进行查阅、比对和分析，抽取部分项目作为案例深入了解其服务执行情况，同时以获资助项目执行所在地社会组织、相关职能部门代表的回馈为辅助资料，综合分析集思公益计划整体运营结果，具体如下：

（1）获资助项目执行结果

截至终期评估时，206个获资助项目中，如期结项的有172个，申请调整结项时间的有33个，因故中止的有1个。根据项目办提供的获资助项目执行结项报告可知，两期获资助项目至少开展个案服务256次，小组活动287次，服务咨询与探访3 205人次，培训、讲座、工作坊等各类社区活动3 247期，直接服务妇女儿童超过68万人次，间接惠及至少259万人，发展义工2 900多人，参与志愿服务的超过2万人次。据统计，有10个项目经总结形成可共享的经验手册，如《企业防止性骚扰》《两癌防治知识宣传手册》《水稻“三控”技术宣传册》等。7个项目具有戏剧、歌曲等其他特色产出，如“大手拉小手”儿童成长防护计划项目联合东莞广播电台《女人驾到》栏目开展电台专题活动。“故事妈妈”公益项目建立绘本馆，共藏5 436册儿童书，向本土亲子家庭免费开放等。

(2) 获资助项目服务成效及影响

综合两期获资助项目执行资料分析可知，基于集思公益计划对获资助项目投入妇女服务的基本要求，获资助项目的目标人群实际拓展至妇女相关群体，覆盖群体涉及单亲母亲、家庭主妇、农村妇女、职业女性、新婚和离异女性、农村留守与流动儿童、困境儿童等。在项目服务及目标人群改善方面，所有项目执行团队均认为服务成效在一定程度上可回应预期目标，服务实施能够满足大部分服务对象的需求。评估工作组分别于中期和终期走访时，邀请部分接受调查的服务对象结合自身参与情况，对项目服务满意度、积极影响和问题解决程度进行评价，并将两期评价结果进行比较分析。据统计，中期评估时，服务对象的整体满意度均值为 82.5%，终期评估时为 93.04%。两期相比，服务对象整体满意度均值提升了 10.54%。参与调查的各地市相关职能部门均认为，获资助项目能够有效回应当地妇女的发展需求，使弱势群体现状得以改善。根据接受调查的服务对象反馈的结果，两期予以评价的服务对象认为，服务带给自身积极影响的总体均值为 89.69%，反馈内容主要集中在个人情绪改善、知识与技能提升、认知与态度转变、家庭关系和社会交往状况改善等方面。其中，予以评分的服务对象认为，项目服务中期时可达到自身问题解决的程度均值为 73.54%，终期时为 82.04%，比例提升了 8.5%。

在项目执行团队和社会组织发展方面，评估工作组综合分析两期执行团队负责人、机构负责人和相关职能部门代表的回馈后发现，接受访谈的各方代表均认为执行项目对社会组织发展具有积极意义。大部分获资助项目执行机构代表表示，希望参加第三次集思公益计划项目申请，尤其是在粤东西北地区，大部分获资助项目执行机构将项目资助视为服务开展或拓展的启动资金，认为通过项目服务提升了组织在当地的认知度，而相关职能部门亦将获资助项目实践视为培育本土社会组织的重要手段。经接受调查的获资助项目执行团队和执行机构反馈，通过执行项目促使他们开始接触项目概念，推动其关注服务中的人事、财务、档案等方面的规范性，学习管理知识。同时，他们开始关注团队自身的能力提升和服务的专业性，考虑专业人才引进和培养，转变服务思维和效率。其中，部分获得两期项目资助的社会组织在终期评估时提及，已将项目运作与机构发展相结合。个别机构负责人认为，通过执行获资助项目，机构对项目发展和机构整体规划有了更多思路。部分接受访谈的地市相关职能部门代表也认为，执行获资助项目使社会组织重视自身的管理和规范。此外，项目执行团队通过执行获资助项目，与相关行政职能部门、群团组织、社区居委会、学校、企业以及其他社会组织等多方主体开展合作，获得了活动设施、场地、人力、信息等资源支持。大部分接受访谈的相关政府职能部门代表和社会组织代表认为，合作过程能够增进政府和社会组织相互了解，建立起信任关系，并能促进政府对社会组织的监管和指导。据统计，共有 40 多个获资助机构及其项目在执行期间获得来自中央财政、当地政府部门的购买服务项目或其他方面的资金支持，累计获得购买服务项目 43 个、资金共计 509.39 万元；个别获资助项目的服务内容和模式得到周边地区行业的认可，也将服务地域和对象延伸到项目之外。

（二）培训与项目督查

1. 培训与项目督查执行情况

集思公益计划通过举办培训简报会和伙伴见面会的形式，为社会组织开展能力建设和支持，内容包括女性需求与性别视角、公益项目设计和计划书撰写、项目执行计划填报、项目管理办法、财务指引、项目评估及公开文案宣传等，并总结第一期获资助项目运作管理经验，对第二期获资助项目进行指导。经查阅和统计相关记录，结合对项目办工作人员及各方进行访谈可知，项目办两期分别在广州市、深圳市、江门市、梅州市、汕头市、珠海市等地共组织开展不同类型的简报会 13 场，召集获资助项目执行团队于广州市、江门市、梅州市等地共举办伙伴见面会 5 场，对 1 000 多家社会组织的 2 000 多人次进行了培训。其间，江门市、佛山市顺德区、梅州市、湛江市等地的妇联均依托集思公益计划，自行组织开展能力培训活动，支持本土社会组织及妇女服务发展。

同时，项目办工作人员日常通过多种形式，跟进各获资助项目的执行情况，指导日常实践，先后多次邀请广东省妇儿工委领导、李嘉诚基金会有关负责人、有关专家及项目办官员，于获资助项目执行期间集中或分小组对160多个获资助项目进行了实地检查，围绕项目筹备、人员配置、计划实施、财务管理、信息公开等情况进行了督查和指导。项目办建立并落实日常信息通报及执行情况汇报制度，要求承接方在项目执行期间填写并提交日常信息通报、项目执行情况报告(资助金额为50万～100万元的项目在申请下期拨款时提交)，并于执行结束后提交项目执行总结报告。项目办制定项目绩效评估细则，采用项目自评和实地检查相结合的方式，对两期获资助项目开展“规范管理项目”评估和“优质管理项目”评估，最终评出优质管理项目65个(约占31.55%)，规范管理项目129个(约占62.62%)，欠规范管理项目12个(约占5.83%，含1个因故中止项目)。

2. 培训与项目督查实施结果

评估工作组围绕以上工作实施情况，对获资助项目执行团队及执行机构负责人、项目所在地市相关行政职能单位代表和社会组织代表进行了访谈。两期评估中，各方均认为项目办提供的培训和指导有助于促进社会组织的发展。据获资助项目执行团队负责人及机构负责人反馈，项目办所提供的培训与项目督查能够协助获资助项目执行团队树立项目意识，懂得怎么去做项目，从而在提升项目管理知识的同时更注重服务专业性，包括注重服务对象的改变和发展，转变慈善服务救助模式，以及运用社会工作专业方法。此外，部分机构负责人表示，参加伙伴见面会后觉得很惊喜，认为其促进了自己与其他组织的交流，获得了一些新的理念和想法。

(三) 社会宣传

1. 社会宣传实施情况

集思公益计划秉持公众参与、公开透明的原则，通过多种途径，向社会公布执行内容和进度，同时指导各获资助项目执行团队及执行机构采用同样渠道，公开服务活动信息、结项报告及财务信息等，以推动公众参与、社会监督。截至评估时，集思公益计划社会宣传产出具体如下：

集思公益计划启动仪式于 2012 年 10 月 26 日在广州市举行，广东省主要领导、李嘉诚先生及李嘉诚基金会相关人员、广东省相关部门负责人、相关领域专家、各地市妇联领导、60 家社会组织代表等共 200 余人参会。另外，还有 1 000 家社会组织通过网络直播观看，30 家媒体与会报道。

建成集思公益计划官方网站，配合执行进程发布集思公益计划简介、公众投票项目和获资助项目整体情况与信息（包括服务群体、项目目标、项目详情、相片、项目预算、项目执行期、执行机构名称等）、合作方简介、常见问题及解答、《守则及条款》、申报方法以及集思公益项目办联系方式；同时通过集思公益计划官方网站链接广东省人民政府网、李嘉诚基金会官方网站、广东省妇女儿童规划网、广东女性 e 家园网、广东省民政厅信息网及广东省社会工作委员会官网等 6 个网站，并在上述 6 个网站上发布集思公益计划报名、筛选、资助等信息。

集思公益计划先后获《广东新闻联播》《中国妇女报（英文版）》《京华时报》《南方日报》《文汇报》等不少于 20 家媒体报道，凤凰网、人民网、新华网、大粤网等至少 56 家电子媒体和搜狐、腾讯、新浪等门户网站直接发布或转载相关新闻，获资助项目也获得了地方电视台、广播电台、报纸等媒体多次报道。据不完全统计，集思公益计划及获资助项目通过电视、广播、报纸和网络媒体发布报道超过 300 篇次。

在自媒体平台建设方面，集思公益计划开设官方微博及各类网络、即时通信平台，截至评估时，发布项目信息至少 3 070 条，粉丝（听众）超过 19 683 人，百度搜索“集思公益　幸福广东”词条结果为 336 000 个。此外，项目办提供的资料显示，至少 80 个获资助项目开通官方微博，发布与项目有关的原创信息 1 万余条，微博粉丝超过 2 万人，相关微博信息的转发、评论达 3 万多条。

项目办结合培训简报会发布集思公益计划报名、筛选、资助等信息，同时制作和派发《“集思公益”在行动》《爱心工具箱》《获选项目宣传册》《成果集》等各种材料。据不完全统计，截至评估时，项目办印发项目介绍、投票指引、获资助项目介绍、成果汇编等各类宣传资料至少 2 万份。

项目办于执行期间还动员省相关部门、各地市及顺德区的妇联和项目联络员，号召其做好对口社会组织或当地社会组织在项目申请及公开投票中的动员工作，同时设立多家高校流动投票站，发动学生和社会公众参与投票。

2. 社会宣传实施结果

截至 2015 年 11 月，评估工作组查阅分析项目办所提供的社会宣传相关资料，收集可查询网络资料进行补充，结合对项目办工作人员、获资助项目案例执行团队及执行机构负责人、项目所在地市相关行政职能部门代表和社会组织代表进行访谈可知，经过各地宣传和动员后，集思公益计划共动员 120 多万社会公众参与投票，经审计公司确认，两期公众投票项目共获得的有效投票为 1 300 多万张，覆盖广东省 21 个地级市。经过社会动员和宣传，参与并受集思公益计划影响的社会公众不计其数。两期资料统计显示，项目办社会宣传方面的各项工作在较短时间内将集思公益计划从广州市向广东省各地市铺开，从妇联覆盖至党政机关、企业、学校、社区、社会组织等主体，两期接受访谈的社会组织代表和相关政府职能部门代表均认为宣传投票环节的社会效应很大；而大部分社会组织负责人和地市相关行政职能部门代表认为，公众投票环节促使项目申报机构面向社会公众开展项目宣传和推介，从而增加社会公众对项目的了解，一方面体现了社会组织整合社会资源的能力，另一方面也提升了组织的认知度和公信力，吸引社会公众参与项目服务。

（四）其他非预期效应及影响

评估工作组对两期评估资料进行统计分析后发现，集思公益计划的资金通过项目资助被投入各地市，将党政机关、企业、学校、社区、社会组织和公众联结起来，对于地方公益服务发展具有撬动效应，还产生了一些计划外的影响。

评估工作组从各地市相关职能部门代表和获资助项目执行机构负责人反馈中了解到，集思公益计划为各地市社会组织提供了发展平台和机会。一方面，各地市在发动社会组织参与集思公益计划的过程中，培育和带动了一批社会组织登记注册，如湛江尚义社会工作服务中心、广州市巾帼社会工作服务中心、梅州市关爱妇女儿童社会组织服务中心等；另一方面，社会组织借集思公益计划获资助项目执行契机，开启或尝试开拓新服务领域，再通过服务效应链接本土资金或资源投入，如梅州市女美术家协会、江门市向日葵家庭教育指导中心、佛山市顺德区伦教街道和谐家庭联谊会等。项目资料显示，早期广东省参事馆在《关于推进我省社会组织规范发展的建议》中就以集思公益计划为例，提出“发挥工青妇的引领带动来扶持”的建议。

部分地市社会组织代表反馈，集思公益计划对地方公益服务发展具有积极影响。集思公益计划获资助项目实施后，梅州市持证社会工作者人数从起初的 8 人增加至目前的近百人，同时当地公益服务模式由起初的以慈善救助为主逐步转变为以专业服务项目为主；个别获资助项目团队负责人提及，受集思公益计划“人人公益”理念影响，项目服务由基础公益转向人文公益，并尝试动员公众参与实现众筹。部分地市相关行政职能部门代表亦认同集思公益计划的运作过程能够提高当地群众对社会工作、社会组织和政府工作的认可。

有地市相关行政职能部门代表反馈，集思公益计划在各地市开展，一定程度上规范并促进了社会组织发展，壮大了社会组织力量，对于地方行政职能部门加强与社会组织联系，完善社会组织建设及运作，提升社会组织服务能力并开展社会组织指导和监管具有借鉴意义。个别地市开始形成多部门、多机构参与社会治理和社会建设的局面。在评估中发现，有部分地市已借鉴集思公益计划模式开展政府购买服务工作，如江门市已投入 1 000 万元资金优先资助社会组织开展助老及助残两个领域的服务；佛山市顺德区已在妇联领域采取项目创投的方式，投入80万元资助社会组织开展妇女服务等。

此外，集思公益计划第一期就获得广东省领导重视，批示“这项活动以及活动做法均有很好的借鉴意义”，《粤府信息》专刊介绍了集思公益计划的做法和成效；《梅州日报》发表深度调查报告后指出：“集思公益对推动山区社会工作服务和发展方向起到里程碑作用。”集思公益计划还先后获评“广东省2012年社会管理十大创新案例”及全国“十大女性公益品牌项目”称号。

第四节 评估结论

一、集思公益计划实施成效

（一）覆盖各类基层妇女，满足妇女群体多样化需求

集思公益计划以支持妇女服务项目为核心，涉及教育、劳动就业、医疗卫生、文化体育、残疾人康复五大领域，服务核心从单一妇女群体需求逐渐向与之相关的儿童青少年发展和家庭关系延伸，获资助项目所关注的群体类型和问题已按年龄、生理健康、职业、婚姻、经济、生活环境等方面细分，甚至包括具有女性身份的环卫工人、流浪乞讨人员等少数容易被忽略的特殊群体，这表明项目办从项目申请、甄选和资助时就已考虑获资助项目对各种基层妇女需求的覆盖情况。而从执行结果上看，两期评估中，服务对象各项评价均值均超过80%，其中服务满意度评价和服务对问题的改善程度评价的均值较前期有明显提升，表明随着集思公益计划执行时间的增加，服务对象对项目的认可度和个人收益均增加；接受访谈的社会组织代表和相关职能部门负责人亦认同获资助项目服务对本土妇女尤其是弱势妇女或相关群体的积极作用。因此，评估工作组认为，集思公益计划获资助项目能够覆盖广东省各类基层妇女群体的多元需求，所提供服务也较为有效地回应了其

在妇女发展方面的预期目标。

（二）规范项目管理运作，提升社会组织专业服务能力

除了提供资金，集思公益计划还重视社会组织能力建设，通过项目执行实践、培训简报会、伙伴见面会、日常跟进与督查等方式，为获资助项目执行团队和执行机构提供一系列运作和管理支持，协助其有意识地规范项目运作，提升自身的项目设计、档案管理及财务管理等项目运作能力，在参与集思公益计划的过程中获得发展。经对总结两期获资助项目执行团队和执行机构反馈资料发现，随着项目办逐步完善其在获资助项目支持与管理方面的配套工作，获资助项目团队和执行机构开始树立项目意识，继续将规范化经验从项目管理向组织管理延伸，并逐渐聚焦于服务对象核心需求，从服务理念、服务方式、服务能力、专业人才等方面探索自身的专业化发展。因此，评估工作组认为，集思公益计划在获资助项目执行实践过程中兼顾能力建设，能够较为有效地规范项目运作管理，提升社会组织专业能力。

（三）培育社会组织力量，奠定政社合作的社会基础

如前所述，集思公益计划为参与其中的社会组织提供项目资金和能力建设，也为其提供服务探索和组织发展平台。在集思公益计划运营期间，各获资助项目执行机构一方面获得集思公益计划的资金，投入各地妇女服务，再依托集思公益计划资助项目执行经验，成功申请国家、省、市各级资金支持，撬动各级政府资金，拓展组织参与社会服务的范围和规模；另一方面，各获资助项目执行机构通过集思公益计划过程开展自身宣传，向各界进行项目与组织推荐，在短时间内迅速提升了自身知名度和公信力，与相关行政职能部门建立了合作关系。与此同时，各地市相关行政职能部门借合作了解社会组织实际，协助有关行政职能部门开展社会组织指导和监管，为社会组织带来信息、资源支持的同时确保其依法运作、有序发展；部分地市行政职能部门参照集思公益计划运作模式开展本土政府购买服务的探索，激活地方社会组织参与其他领域的社会服务，这些方面都彰显出集思公益计划运作模式对地方政府的示范效应。因此，评估工作组认为，集思公益计划为各

地市培育社会组织力量提供了重要支持，其所建立的以项目资助介入，通过项目申请和执行、管理手段激发政社互动的模式，推动了各地市职能部门积极探索，为未来政社合作奠定了坚实基础。

（四）激发社会公众参与，构建多方协同的社会治理格局

集思公益计划将政府资金和社会资金结合起来，设置多主体共同运作架构，在设计之初便有意识地强调多方协同和公众参与元素，并在随后方案设计和执行过程中，通过项目申报、专家甄选、公众投票、第三方监察、执行培训及实时跟进评估等，链接各地市党政机关、群团组织、企事业单位、专家学者、媒体、社会公众及社会组织力量，在一定程度上为各地市提供了多元治理主体协同协作的平台，反哺各地市社会建设和社会发展。在具体实施进程中，集思公益计划通过妇联系统协调各级相关职能部门协作共治，以服务基层妇女群体为核心，调动场地、设施、人力、资金、信息等资源投入公益项目，吸引各界社会公众关注，发动机关、事业、企业、学校、社区等民众力量参与其中，已然构建起一张聚合多方力量的支持网。随着进一步执行集思公益计划，部分地市已在获资助项目执行和管理过程中开始形成多方参与、协商协调的互动模式，初具多主体协同治理格局雏形。因此，基于集思公益计划中公众参与所引发的多方协同效应，评估工作组认为，依托集思公益计划逐步建立的资源和服务网络，借鉴运作模式，各地市可进一步探索构建符合本土实际的多方协同的社会治理格局。

二、执行问题及完善建议

（一）优化资助项目筛选方式

集思公益计划两期均采用公开投票作为获资助项目的主要确定方式，希冀推动社会组织开展社会动员和宣传，锻炼其联系和发动群众的能力。然而评估工作组发现，公开投票方式的公平性受到各地社会经济文化环境和公众能力差异的影响，网络操作技术限制了部分地区群众的参与，也使部分设计优秀但服务少数困难人群或解决相对隐性社会问题的公益项目落

选，虽然后期采用“特别资助项目”形式做了一定的弥补，却较难兼顾地区间的平衡。因此，评估工作组建议集思公益计划优化资助项目筛选方式，征询项目申报所在地妇联及其他相关行政职能部门的意见，根据项目与当地实际受众的需求确定公开投票项目，对不同类型（按服务群体、服务地域、社会现象或问题等分类）的项目采取分类选定方式，如对服务群体较大、覆盖地域范围较广、问题比较突出的项目可采取多方主体（地方政府相关部门及妇联、甄选专家、服务人群等）评价与公开投票相结合的方式。同时，设置特别资助项目，将服务群体较小、覆盖地域范围较窄、地处偏远、问题尚未被广泛察觉但又具有现实和创新意义的项目集中地进行独立评选，协助它们得到社会的广泛关注，以此确保获资助项目在公平、公开的基础上有效回应社会需求。

（二）加强配套培训和过程指导

现时期各地市社会组织发展不均衡，社会组织普遍缺乏项目设计及运作经验，现有培训及过程跟进指导只是杯水车薪，难以系统提升社会组织的项目运作能力，尤其是粤东西北地区社会组织专业人才匮乏，大部分社会组织在项目执行过程中仍处于“摸着石头过河”的状态。因此，评估工作组建议集思公益计划可考虑进一步完善项目申请、执行与管理、评估与结项等所需的模板，为参与的社会组织提供借鉴，辅助社会组织建立全面、系统的项目运作思维；继续完善配套培训体系，结合妇女现状及需求、项目设计、项目管理、成效评估等内容开展系统培训；支持各地市结合自身优势自主开展内容丰富、方式灵活的社会组织能力建设培训，以提升社会组织的管理能力和项目运作能力，推进社会组织发展。

（三）建立优秀项目长效资助机制或推荐机制

部分受访的地方相关部门代表、获资助项目所属机构负责人和甄选专家认为，短期的项目资助难以支持社会组织发展，形成可吸纳社会资源运作项目的能力，也难以使获资助项目形成可被复制推广的服务模式；部分地市尚未投入资金开展政府购买服务或此机制处于小范围试行阶段，这造成部分优秀或者具有潜力的公益项目在当期资助结束后无法衔接地方资金，可能使得刚培养起来的社会组织及其公益项目后续乏力、生存艰难。因此，评估工作组建议集思公益计划未来可考虑建立优质项目长效资助机制，经筛选后，为具有潜力但需要长期支持的项目提供2～3年的资金资助，培育优秀妇女服务项目品牌；同时发挥妇联的枢纽作用，联动民政、社工委等相关部门，建立优质项目推荐机制，使集思公益计划与公益创投项目大赛、政府购买服务等各项政府向社会组织购买项目服务的机制实现无缝对接，亦为优质项目的深入实施拓展支持渠道。

（四）充分发挥各级联络员的作用

受预期计划设置、社会组织发展、地方环境等因素限制，各地市联络员在日常执行项目的过程中较为被动，一方面缺乏对集思公益计划整体运作的了解，使他们对集思公益计划理念的解读有限；另一方面对自身在项目执行中的角色、职能认知较为模糊，大部分接受访谈的妇工委代表表示自己有心介入但处于较为无措的状态，积极性的发挥被限制了。因此评估工作组建议，应充分考虑地方联络员的角色作用，结合项目甄选与资助、日常培训和督查、社会宣传与动员等工作为地方妇工委设置相应职能，并在管理方式上留足一定空间，同时加强与各地市联络员的沟通，及时交换关键信息，推动各地妇工委积极承担部分日常指导和监督工作，发挥协调作用以共同推进集思公益计划的开展。

第五节　讨论与思考

广东省妇联借集思公益计划运作创新实践，将政府资金与社会资本进行合作，协调社会各方共同参与，在计划设置、资金配置、工作架构搭建、项目执行与社会服务实施等方面进行积极探索，正好回应了《关于加强和改进党的群团工作的意见》提出的要求，为广东省推进群团组织参与社会治理、实现国家治理体系现代化积累有效经验。评估工作组基于以上评估结论，对集思公益创投模式在创新社会治理背景下的可借鉴经验的讨论与思考如下。

一、多方主体联动参与社会治理的集思公益运作模式

集思公益计划已然开创了政府资金同社会资本融合的先河，既实现了基金会资源与社会组织服务需求的有效对接，又减轻了政府部门在社会服务方面的财政投入压力。同时，由广东省人民政府、李嘉诚基金会、广东省妇儿工委及相关政府职能部门负责人组成的领导小组负责对集思公益计划进行整体设计、指导及监督实施，吸收相关领域专家学者对申报项目质量进行把关，发动志愿者、企业员工及其他社会公众等各方参与到集思公益计划的具体工作执行当中，在设计上有效地将众多主体联系在一起，而在实际运作中也能够自上而下联动一体，有效激活了社会力量参与社会治理，实现了多方协同协作创新社会治理的格局。因此，评估工作组认为，基于国家治理体系现代化的探索要求，参与各方应及时总结集思公益计划运作经验，深入探索政府资金与社会资本的合作模式，继续运作并支持集思公益计划深耕基层，服务基层妇女群众；同时在总结成熟经验的基础上，推进集思公益创投模式向更多地市、服务领域推广。

二、社会治理格局中群团组织的角色和职能发挥

经过几年的运作，集思公益计划运作模式已逐渐发挥其聚合效应，发展成为多主体协同的社会治理格局雏形。通过评估看到，广东省妇联及各地市乃至基层妇联在集思公益计划整体运作中凸显出积极作用。除了协调政府资金与社会资本配合，广东省妇联还与广东省社工委等省级政府部门协调对接，发动其所在系统力量，推动集思公益计划落地。各地市妇联亦沟通当地政府部门，协调其力量投入以支持当地社会组织参与妇女服务，跟进获资助项目后续实施，协助配套当地可支持的人力、场地、物资等，促进社会组织与政府的互动。在当地政府的指导和支持下开展社会服务，能够彰显群

团组织在培育社会组织、支持社会组织参与社会服务当中的引领作用。同时，各级妇联依托集思公益计划的运作，先行探索能够回应广东省基层妇女群体需求的公益服务品牌，推动各地共同构建起覆盖广泛、快捷有效的基层妇女工作体系，可作为当下其他群团组织创新发展的思路借鉴。因此，评估工作组认为，结合新时代的群团组织工作要求，妇联可考虑借鉴在集思公益计划运作中的角色职能，发挥党委领导下各群团组织的自身角色优势，拓展思路，服务基层群众，引导广大社会组织和各界协同参与社会治理。

第六节　评估局限

评估工作组一方面以集思公益计划的工作方案、工作总结（汇报）、工作制度、工作记录、通知文件、项目执行计划书、项目结项报告、媒体报道等各类文献资料作为原始资料，另一方面抽取部分具有代表性的项目作为案例进行深度了解（对项目执行机构负责人、项目负责人、服务对象进行访谈），以及通过与项目所在地相关部门进行座谈，收集各方对两期资助项目成效、项目执行机构能力提升，以及对项目所在地社会建设等方面的评价。由于受到时间、人力、成本、样本代表性和研究技术等方面的限制，本次评估一方面无法完全还原集思公益计划运作、成效和影响的实际情况，另一方面无法完全排除其他因素对集思公益计划执行的影响，特此说明。

展璞计划整体评估报告

第一节　评估背景

“展璞计划——农村社区发展项目暨村‘两委’女干部和基层民政干部能力建设”项目(以下简称“展璞计划”)是由中华人民共和国民政部与李嘉诚基金会合作,以基层妇女干部培训为切入点,以提升农村妇女干部领导力为先导,以促进农村社会创新管理并服务于民生为中心,为村“两委”女干部和基层民政干部提供高校集中培训和远程学习服务,直接扶持并改善当地农村社群生活的公益项目。项目周期自 2013 年至 2016 年,覆盖湖南省、陕西省、广东省、新疆维吾尔自治区、广西壮族自治区 5 个省(自治区)的 4 028 名村“两委”女干部和 499 名基层民政干部。

为了解展璞计划的整体实施情况,总结项目有效经验,评估中心受民政部基层政权和社区建设司委托,于 2016 年 5—7 月对各省(自治区)项目实施情况进行综合评估,形成以下评估报告。

第二节 评估执行

一、评估范围

(一) 时间范围

展璞计划的实施周期为2014年1月至2016年5月，评估时间2016年5月底至2016年7月。评估工作组于2016年5月30日至6月8日前往湖南省、新疆维吾尔自治区、广西壮族自治区开展实地走访，于2016年6月27日至7月1日前往陕西省、广东省开展实地走访。

(二) 地域范围

评估覆盖湖南省、陕西省、广东省、新疆维吾尔自治区、广西壮族自治区5个省(自治区)，实际走访涉及23个地市、44个市区(县)，以及79个社区或村庄。

(三) 对象范围

评估对象范围包含参与展璞计划的所有利益相关群体，实际调查与访谈涉及展璞计划全国项目办公室、4个省(自治区)项目办公室、5个项目培训承办高校管理团队、29名师资团队成员、36名学生志愿服务团队成员、4家种子计划协助机构、3名专家组成员(含远程教育专家)、276名受训村“两委”女干部和46名基层民政干部、356名村委及村民。此外，评估工作组还结合项目实施实际，补充访谈了陕西省妇女联合会。

二、评估内容与方法

(一) 评估内容与指标框架设置

评估工作组建立以目标为导向的影响力评估框架，围绕村“两委”女干部能力建设情况、村“两委”女干部在村庄管理和农村经济发展中的影响情况、“展璞计划”整体实施可能产生的非预期影响三个方面，梳理目标框架下对应的项目工作策略，遵循“投入—产出—成果”逻辑路径设置指标框架，从计划完成、目标达成及非预期影响三个层面评价项目成效。同时，针对各省（自治区）工作策略差异情况，评估工作组预期在统一指标框架下分类设置指标体系，结合展璞计划整体和5个省（自治区）项目执行实际，分别制定评价细则和标准，分析展璞计划的社会影响力所在。

（二）评估工作方法

本次评估工作基于“展璞计划”管理手册开展，结合全国及各省（自治区）的展璞计划项目实际，主要采用以下方法进行信息采集和分析工作。

1. 数据统计与资料分析

收集展璞计划全国项目办公室、4个省（自治区）项目办公室、5个项目培训承办高校管理团队、4家种子计划协作机构所提供的项目管理手册、实施情况报告、成效分析报告等过程资料，对E-learning平台所收集的村“两委”女干部前、后测数据资料进行统计分析，并比对过程资料中的结果数据。

2. 抽样调查与访谈分析

评估工作组对不同项目参与人群进行分层抽样和走访调查，并对访谈结果进行统计或归纳分析。其中，对参与培训的村“两委”女干部和基层民政干部按照省（自治区）、地市、项目支持获得情况进行分层后，按5%的比例抽取3套样本，邀请各省（自治区）受训村“两委”女干部参与群体工作坊访谈，了解参与培训人群对于项目参与过程和结果的评价；从参与访谈的村“两委”女干部中，按30%的比例抽取样本并进行村庄走访，观察项目活动结果；结合村“两委”女干部项目实施或工作开展情况，对村委及村民进行偶遇抽样和访谈，了解其项目参与情况和评价。

三、评估组设置

根据评估方案，评估中心建立3人核心工作组，负责与“展璞计划”全国项目办公室、李嘉诚基金会的日常沟通；同时考虑经验及语言等因素，分别抽调深圳、东莞、广州、上海四地中心11名工作人员组成评估工作组，分别前往湖南省、陕西省、广东省、新疆维吾尔自治区、广西壮族自治区 5 个省(自治区)开展实地走访,独立实施各省(自治区)的评估工作。

第三节 评估结果

一、项目目标设置

展璞计划以提升村“两委”女干部综合能力,促进其在村庄管理和村务服务中发挥作用为核心目标,计划在湖南省、陕西省、广东省、新疆维吾尔自治区、广西壮族自治区 5 个省(自治区)实施项目活动,以解决村“两委”女干部在基层管理中参政能力较弱、影响力不足的问题。

二、项目内容及架构设置

展璞计划结合各省(自治区)经验基础,采用了不同的工作策略,包括集中培训(含基层民政干部培训)、远程教育、项目支持、互助学习组、高校研究等。项目整体的架构设置和各类工作策略的实际执行内容如图 12 所示。

(一) 集中培训

集中培训包含村“两委”女干部培训和基层民政干部培训两个部分,采用进大学集中学习课程的方式,提升受训村“两委”女干部和基层民政干部的综合能力。课程教材由集中培训专家组主持编写,其中广西壮族自治区村“两委”女干部受训课程内容为村干部需要具备的 6 项能力、备课及讲课技巧等主题,培训时间为 3 天;其他 4 个省(自治区)村“两委”女干部的受训课程内容为掌握新资讯科技知识、增强自信应对挑战、领导方法与技巧、乡村经济发展、农村社区关怀与服务、设计和管理项目、制订种子计划等主题;基层民政干部的受训课程内容为村民自治与妇女参政、领导方法与技巧、运用专业方法推动社区服务、乡村经济发展、掌握新知识、社区治理与社区参与、设计和管理项目等主题,每期培训周期为一个星期。集中培训的五个执行

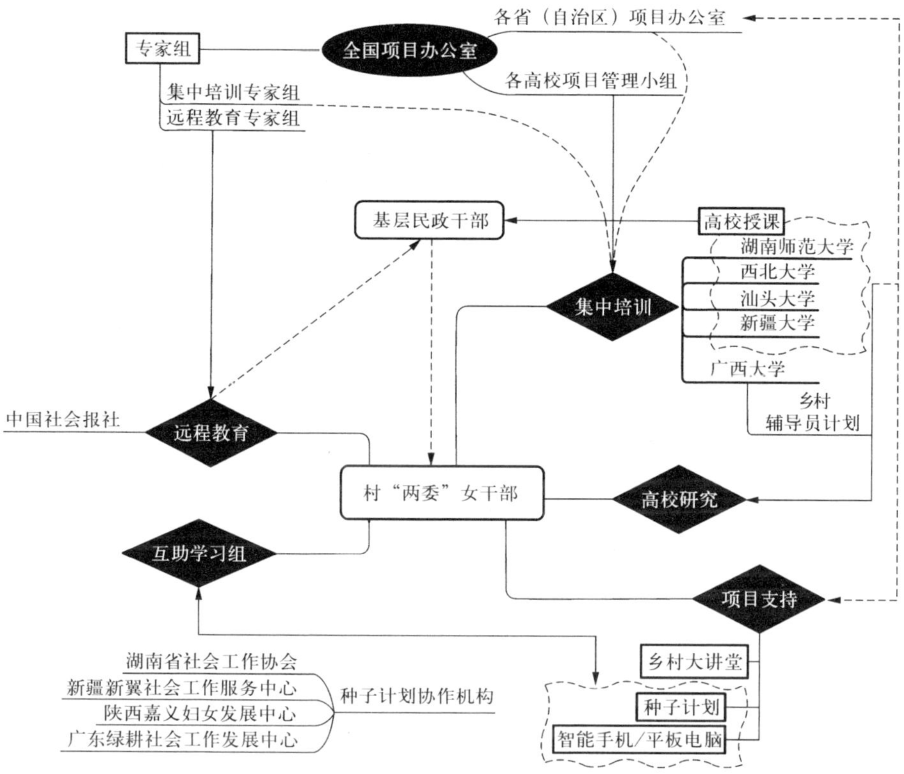

图 12 “展璞计划”内容与架构设置

高校分别为湖南师范大学、西北大学、汕头大学、新疆大学和广西大学，主要工作包括根据学校实际规划工作方案或建立工作机制；组建高校管理团队，筛选并协调师资团队参与项目；安排学员的食宿和授课场地等培训事宜；组建学生志愿者团队协助接待、后勤、授课等工作；采用参与式方法开展课程培训，并于授课期间指导村“两委”女干部完成培训前后自我测评；对 10%的参与培训的村“两委”女干部开展回访调查；其他后勤事宜等。

（二）远程教育

远程教育分为 E-learning 网上学习平台和微信公众平台，支持受训村“两委”女干部和基层民政干部接受继续教育，探索基层干部培训新方法。E-learning 网上学习平台展示的内容主要包含展璞计划介绍、项目活动新闻及相关资讯和公告、性别及农村发展知识宝库、性别及展璞计划相关精选视频、种子计划名单、平板电脑及智能手机名单、村“两委”女干部精华分享等部分。网站的会员中心内含受训村“两委”女干部自我测评、项目活动信息填报等功能板块。学习平台架构和内容由远程教育专家组讨论规划，中国社会报社实施技术搭建和运作管理，各集中培训执行高校协助指导村“两委”女干部使用 E-learning 网上学习平台填报各类项目信息；微信公众号“展璞计划”为订阅号，主要发布“展璞计划”实施进度信息、受训村“两委”女干部的案例故事、活动资讯等，由全国项目办公室负责收集并推送。

（三）项目支持

项目支持分为种子计划、智能手机/平板电脑和乡村大讲堂三种类型。展璞计划采用小额资金或物资支持的方式，尝试推动村“两委”女干部开展服务项目，在提升其社区服务能力的同时，增加女性干部在村庄管理中的影响，间接带动农村地区发展。其中，种子计划项目的内容分为推动科技传播知识、发展产业增加收入、服务社区关怀弱势、丰富精神文化生活、关爱妇女提升能力、基础建设改善设施、技能培训增加就业、保护生态改善环境、关爱儿童发展教育 9 个主题，通过筛选并给予 5 000 元/个的资金，支持湖南省、陕西省、广东省、新疆维吾尔自治区受训村“两委”女干部优秀项目方案实施。智能手机/平板电脑项目通过筛选并发放智能手机或平板电脑的方式，引导部分湖南省、陕西省、广东省、新疆维吾尔自治区受训村“两委”女干部使用新科技自我学习和开展村务工作；乡村大讲堂计划通过发放资金 600 元/人，支持广西壮族自治区所有受训村“两委”女干部开展自选主题的村民培训活动。各集中培训执行高校协助村“两委”女干部设计、筛选项目并提供前期指导，项目完成报告于活动结束后由村“两委”女干部寄至各省（自治区）项目办公室汇总，经由全国项目办公室转交基金会。其间，各省（自治区）的部分（10%）种子计划项目可获得各地种子计划协作机构的指导与支持。四地种子计划协作机构分别为湖南省社会工作协会、陕西嘉义妇女发展中心、广东省绿耕社会工作发展中心和新疆新翼社会工作服务中心，主要工作包括跟进了解受训村“两委”女干部种子计划项目获选信息；规划种子计划项目辅导或跟进方案；不定期接受种子计划项目咨询及问题答疑；筛选一定数量的项目并跟进等。

（四）互助学习组

互助学习组旨在孵化和培育农村新型社会学习组织，以促进受训村“两委”女干部相互学习和支持。展璞计划在湖南省、陕西省和广东省探索建立村“两委”女干部互助学习组，由各地种子计划协作机构建立互助学习平台，采用线上QQ群或微信群、线下小组等方式，组织一定数量的受训村“两委”女干部进行经验分享。

（五）高校研究

展璞计划支持湖南师范大学、西北大学、新疆大学和汕头大学于项目实施期间开展课题研究，以壮大和展示承办高校独特的、具有地域特色的妇女及基层社区发展研究新成果。

三、项目实施情况

基于上述内容，评估工作组综合整理展璞计划于2014年1月至2016年5月期间各类项目文案和过程信息，结合资料数据和评估访谈结果进行归纳、统计与分析，得出以下评估结果。

（一）集中培训

1. 集中培训执行情况

（1）村“两委”女干部集中培训

村“两委”女干部集中培训覆盖湖南省、陕西省、广东省、新疆维吾尔自治区、广西壮族自治区五个省（自治区）。各省（自治区）村“两委”女干部受训学员由项目办公室根据受训总数分配名额下发至各地市或县民政系统进行选拔，主要筛选各省（自治区）基层党委、村委中副职及以上女性干部参与，部分省（自治区）基于实际考虑将参与名额拓展至“两委”委员，陕西省将参与对象拓展至个别女大学生村干部，新疆维吾尔自治区项目办公室经协商后将项目覆盖范围增加至阿克苏地区。同时，各省(自治区)集中培训执行高校均成立以党委书记或副校长为组长的项目领导小组，除了广西大学，其他4所高校根据课程内容需要和教学经验等，结合学校自身考虑组建师资团队，于集中培训前选派代表前往汕头大学参与承办高校骨干师资培训班，随后开展本校项目管理人员及高校教师培训班，学习并采用参与式教学法进行授课。

广西大学于2015年5月开展1期乡村辅导员培训，由基金会选派专家直接担任授课教师。受训村“两委”女干部于培训期间自选主题，规划乡村大讲堂讲课内容，围绕讲课主题进行备课等，并在广西大学志愿者团队协助下完成个人视频拍摄。其他省(自治区)所有受训学员按地域分期于2014年1月至2016年3月依次进入大学开展封闭式课程学习，由授课教师指导其在培训前后填写自我测评表，结合所在村庄实际开展项目方案设计。除了汕头大学在协商后对教材内容进行一定程度调整，湖南师范大学、西北大学和新疆大学师资团队基本依照教材内容和程序授课，不定期接受集中培训专家组的实地督导，每期均有民政或妇联干部跟班协助管理。此外，为拓展项目成效，中国邮政集团公司陕西省分公司与西北大学于集中培训期间为4期受训村“两委”女干部增加电子商务理念与应用主题培训，指导女干部完成电商种子计划设计及开展相关工作。

5所高校均于集中培训结束后半年内陆续对受训村“两委”女干部进行电话或实地回访。广西大学根据项目活动开展情况赴三个乡镇进行活动拍摄，湖南师范大学、西北大学、汕头大学和新疆大学均采用电话回访结合实地回访的方式跟进受训村“两委”女干部的后续情况。

(2) 基层民政干部集中培训

基层民政干部培训覆盖湖南省、陕西省、广东省、新疆维吾尔自治区4个省(自治区)。各省(自治区)基层民政干部集中培训主要筛选民政系统地市或县级及以下民政干部参与，部分省(自治区)根据实际将名额拓展至地市民政干部，筛选标准依从各省(自治区)基层民政系统需求，按地域分期进入大学开展封闭式课程学习。各集中培训执行高校依照村“两委”女干部集中培训工作要求同等组织培训及相关工作，其中湖南师范大学、汕头大学对基层民政干部培训的部分内容进行了调整，新疆大学、西北大学基本上按照原有教材内容和程序进行授课。

2. 集中培训执行结果

截至评估时，5 所集中培训执行高校共投入教师 73 人，组建志愿者团队约 367 人，举办培训 115 期，涉及村“两委”女干部和基层民政干部 4 527 人，并于培训后陆续针对受训村“两委”女干部开展至少 52 次实地回访、490 次电话回访。

（1）村“两委”女干部集中培训执行结果

① 总体结果

“展璞计划”集中培训共计举办 104 期，覆盖 5 个省（自治区）4 028 人。受训村“两委”女干部中，职务任正职的有 2 211 人，任副职的有 604 人，任委员或其他职务的有 1 213 人，包含陕西省个别女大学生村干部。

② 满意度评价

湖南省、陕西省、广东省、新疆维吾尔自治区 4 个省（自治区）4 001 位村“两委”女干部于集中培训前后填写自我测评表，对集中培训安排、培训效果等进行了满意度评价。评估工作组按照姓名是否一致、培训完成、学前表、训后表 4 个变量依次筛选后，得出有效样本 3 507 个。其中，湖南省有效样本为 1 267 个、陕西省有效样本为 772 个、广东省有效样本为 948 个、新疆维吾尔自治区有效样本为 520 个。

测评结果显示，大部分受训村“两委”女干部对培训安排表示非常满意或满意，在培训内容丰富性、资料实用性、形式多样性、时间安排合理性、组织有序性五个方面表示满意（含非常满意和满意）的人数占比依次约为 98.3％、97.5％、97.1％、91.0％、91.0％。

同时，大部分受训村“两委”女干部对培训效果表示非常满意或满意，在关于集中培训对自身获得新工作信息、形成新工作理念、改善新工作方法和技巧、拓展思维开阔视野、有助于个人成长等方面表示满意（含非常满意和满意)的人数占比依次为 96.9%、96%、94.7%、94.4%、93.8%、95.6%、95.3%。

③ 能力变化情况

基于集中培训前后自我测评表样本数据，评估工作组对村“两委”女干部集中培训前后个人能力自我测评数据进行统计。如图 13 所示，村“两委”女干部在集中培训后，自我整体能力评价均值均比培训前高。

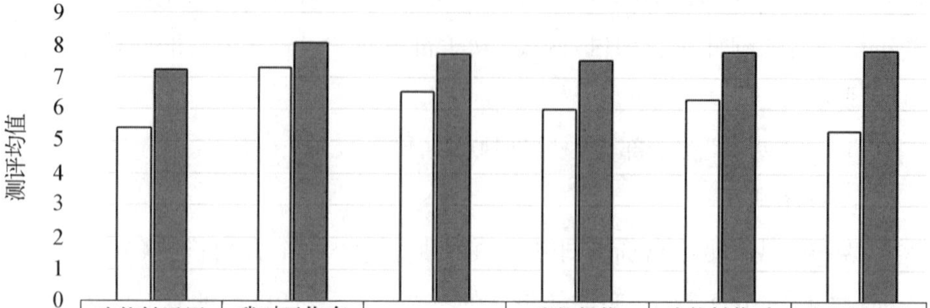

	我能够运用新的科技知识	我对工作有信心并能够应对挑战	我具备很强的领导力	我能够推动村庄经济发展	我能够推动农村社区关怀与服务	我能够实施项目规划管理与种子计划
□前测	5.418	7.29	6.564	6.022	6.309	5.33
■后测	7.219	8.078	7.729	7.525	7.786	7.834

图 13　村“两委”女干部参与集中培训前后整体自我能力测评结果

对应集中培训所涉及的 6 个课程主题，各项能力评价分值变化分别为：“我能够运用新资讯科技知识”方面分值差距为 1.80，提升 33.22%；“我对工作有信心并能够应对挑战”方面分值差距为 0.79，提升 10.84%；“我具备很强的领导能力”方面分值差距为 1.16，提升 17.67%；“我能够推动村庄经济发展”方面分值差距为 1.50，提升 24.12%；“我能够推动农村社区关怀与服务”方面分值差距为 1.48，提升 24.91%；“我能够实施项目规划管理与种子计划”方面分值差距为 2.50，提升 46.90%。

在最大收获方面，3 507 位女村干认为自身通过集中培训提升了领导力的占 62.62%、增强了自信心的占 60.51%、增强了人际沟通能力的占 33.68%、学到了新理念(观念)的占 35.90%、结识了新朋友的占 16.85%、将培训所学运用到实践中的占 28.94%、学习了种子计划的制订和实施的占

31.65%、交流了经验的占19.19%。

为了解影响村“两委”女干部集中培训前后自我能力测评变化的相关因素，评估工作组从问卷数据结果中筛选出年龄、文化程度、所在村庄发展程度和职务4项，分别结合村“两委”女干部对自身在集中培训前后6个课程主题的能力测评变化结果进行单元素方差分析。

分析结果显示，整体而言，村“两委”女干部的年龄、文化程度、所在村庄发展程度和主要职务对不同课程主题前后自我能力测评变化具有影响。其中，村“两委”女干部的年龄因素对其6个课程主题的自我能力测评变化均具有影响；文化程度因素对于“我能够运用科技资讯知识”这一项课程的自我能力测评变化具有影响；所在村庄发展程度因素对“我对工作有信心并能够应对挑战”“我能够推动农村社区关怀与服务”这2项课程的自我能力测评变化具有影响；担任的主要职务因素对“我能够运用新的科技知识”“我具备很强的领导力”“我能够推动村庄经济发展”“我能够实施项目规划管理与种子计划”这4项课程的自我能力测评变化具有影响（见表3）。

表3　村“两委”女干部对不同课程主题前后自我能力测评变化的影响因素

自我能力维度		年　龄		文化程度		所在村庄发展程度		主要职务	
		F值	显著性	F值	显著性	F值	显著性	F值	显著性
我能够运用新的科技知识	群组之间	17.716	0.000	5.283	0.000	0.035	0.965	8.950	0.000
	在群组内								
	总计								
我对工作有信心并能够应对挑战	群组之间	11.217	0.000	1.547	0.186	4.345	0.013	21.487	0.000
	在群组内								
	总计								
我具备很强的领导力	群组之间	4.934	0.002	0.870	0.481	1.283	0.277	12.371	0.000
	在群组内								
	总计								

续 表

自我能力维度		年龄		文化程度		所在村庄发展程度		主要职务	
		F值	显著性	F值	显著性	F值	显著性	F值	显著性
我能够推动村庄经济发展	群组之间	2.685	0.045	1.981	0.095	0.935	0.393	3.685	0.025
	在群组内								
	总计								
我能够推动农村社区关怀与服务	群组之间	8.008	0.000	1.633	0.163	3.646	0.026	2.856	0.058
	在群组内								
	总计								
我能够实施项目规划管理与种子计划	群组之间	5.557	0.001	1.045	0.382	2.117	0.120	8.718	0.000
	在群组内								
	总计								

为进一步了解不同类别村"两委"女干部在集中培训前后6个课程主题的自我能力测评变化影响的差异，评估工作组将年龄、文化程度、村庄发展程度、职务分组，并进行组间比较。分析结果显示，不同类别村"两委"女干部对自身在集中培训前后6个课程主题的能力测评变化结果的影响存在差异（见表4）。

评估工作组围绕集中培训成效实地走访5个省（自治区）264名村"两委"女干部，邀请其评价参与集中培训对于自身能力变化的影响。广西壮族自治区87%的受访村"两委"女干部认为，参与集中培训对自身能力提升具有帮助，在个人能力提升和工作受益方面的影响程度分别为87%和84.7%；其他4个省（自治区）的大部分受访村"两委"女干部认为自身能力因参与集中培训而获得提升，掌握新的科技知识、增强自信应对挑战、领导方法与技巧、乡村经济发展、农村社区关怀与服务、设计和管理项目与制订种子计划6个主题课程对于村"两委"女干部能力变化的影响程度均值依次为：84.33%、88.04%、82.43%、83.92%、86.72%、82.85%。

表 4　不同类别村“两委”女干部对集中培训前后 6 个课程主题的自我能力测评变化结果组间比较

因变量			我能够运用新的科技知识		我对工作有信心并能够应对挑战		我具备很强的领导力		我能够推动村庄经济发展		我能够推动农村社区关怀与服务		我能够实施项目规划管理与种子计划	
			均值差异	显著性	均值差异	显著性	均值差异	显著性	均值差异	显著性	均值差异	显著性	均值差异	显著性
文化程度	没正式上过学	小学	−0.693 63	0.639	−0.289 46	0.982	0.517 82	0.817	0.626 78	0.714	−0.008 23	1.000	0.759 37	0.649
		初中	−0.096 67	0.991	−0.058 70	0.999	0.142 73	0.954	−0.196 46	0.879	−0.204 40	0.888	−0.173 96	0.945
		高中或职业教育	−0.070 30	0.996	0.194 09	0.875	0.287 26	0.521	0.140 14	0.948	0.063 58	0.998	0.018 14	1.000
		大专以上	0.482 02	0.139	0.301 99	0.644	0.245 24	0.731	0.127 65	0.972	0.225 48	0.842	0.057 10	0.999
	小学	没正式上过学	0.693 63	0.639	0.289 46	0.982	−0.517 82	0.817	−0.626 78	0.714	0.008 23	1.000	−0.759 37	0.649
		初中	0.596 95	0.732	0.230 76	0.991	−0.375 09	0.927	−0.823 24	0.424	−0.196 18	0.995	−0.933 33	0.410
		高中或职业教育	0.623 33	0.687	0.483 55	0.873	−0.230 56	0.987	−0.486 64	0.841	0.071 80	1.000	−0.741 22	0.626
		大专以上	1.175 65	0.107	0.591 46	0.775	−0.272 58	0.977	−0.499 13	0.835	0.233 71	0.991	−0.702 27	0.684
	初中	没正式上过学	0.096 67	0.991	0.058 70	0.999	−0.142 73	0.954	0.196 46	0.879	0.204 40	0.888	0.173 96	0.945
		小学	−0.596 95	0.732	−0.230 76	0.991	0.375 09	0.927	0.823 24	0.424	0.196 18	0.995	0.933 33	0.410
		高中或职业教育	0.026 37	1.000	0.252 79	0.440	0.144 53	0.823	0.336 60	0.115	0.267 98	0.375	0.192 11	0.737
		大专以上	0.578 69*	0.003	0.360 70	0.217	0.102 51	0.964	0.324 11	0.257	0.429 88	0.087	0.231 06	0.700

续 表

因变量			我能够运用新的科技知识		我对工作有信心并能够应对挑战		我具备很强的领导力		我能够推动村庄经济发展		我能够推动农村社区关怀与服务		我能够实施项目规划管理与种子计划	
			均值差异	显著性	、均值差异	显著性	均值差异	显著性	均值差异	显著性	均值差异	显著性	均值差异	显著性
文化程度	高中或职业教育	没正式上过学	0.070 30	0.996	−0.194 09	0.875	−0.287 26	0.521	−0.140 14	0.948	−0.063 58	0.998	−0.018 14	1.000
		小学	−0.623 33	0.687	−0.483 55	0.873	0.230 56	0.987	0.486 64	0.841	−0.071 80	1.000	0.741 22	0.626
		初中	−0.026 37	1.000	−0.252 79	0.440	−0.144 53	0.823	−0.336 60	0.115	−0.267 98	0.375	−0.192 11	0.737
		大专以上	0.552 32*	0.001	0.107 91	0.947	−0.042 02	0.998	−0.012 50	1.000	0.161 91	0.801	0.038 96	0.999
	大专以上	没正式上过学	−0.482 02	0.139	−0.301 99	0.644	−0.245 24	0.731	−0.127 65	0.972	−0.225 48	0.842	−0.057 10	0.999
		小学	−1.175 65	0.107	−0.591 46	0.775	0.272 58	0.977	0.499 13	0.835	−0.233 71	0.991	0.702 27	0.684
		初中	−0.578 69*	0.003	−0.360 70	0.217	−0.102 51	0.964	−0.324 11	0.257	−0.429 88	0.087	−0.231 06	0.700
		高中或职业教育	−0.552 32*	0.001	−0.107 91	0.947	0.042 02	0.998	0.012 50	1.000	−0.161 91	0.801	−0.038 96	0.999
所在村庄发展程度	低	中	0.036 67	0.969	0.268 28	0.216	0.232 41	0.245	0.118 75	0.710	0.258 96	0.238	−0.013 06	0.997
		高	0.041 38	0.966	−0.095 50	0.848	0.183 36	0.476	−0.038 97	0.969	−0.069 04	0.917	−0.277 37	0.284
	中	低	−0.036 67	0.969	−0.268 28	0.216	−0.232 41	0.245	−0.118 75	0.710	−0.258 96	0.238	0.013 06	0.997
		高	0.004 71	0.999	−0.363 78*	0.014	−0.049 04	0.908	−0.157 72	0.396	−0.328 00*	0.030	−0.264 32	0.126
	高	低	−0.041 38	0.966	0.095 50	0.848	−0.183 36	0.476	0.038 97	0.969	0.069 04	0.917	0.277 37	0.284
		中	−0.004 71	0.999	0.363 78*	0.014	0.049 04	0.908	0.157 72	0.396	0.328 00*	0.030	0.264 32	0.126

续 表

因变量			我能够运用新的科技知识		我对工作有信心并能够应对挑战		我具备很强的领导力		我能够推动村庄经济发展		我能够推动农村社区关怀与服务		我能够实施项目规划管理与种子计划	
			均值差异	显著性	均值差异	显著性	均值差异	显著性	均值差异	显著性	均值差异	显著性	均值差异	显著性
主要职务	正职	副职	0.197 54	0.437	0.463 66*	0.017	0.329 50	0.080	0.000 35	1.000	0.104 44	0.811	−0.171 01	0.602
		其他职务	0.500 61*	0.000	0.808 45*	0.000	0.554 73*	0.000	0.303 23*	0.026	0.297 56*	0.045	0.469 00*	0.001
	副职	正职	−0.197 54	0.437	−0.463 66*	0.017	−0.329 50	0.080	−0.000 35	1.000	−0.104 44	0.811	0.171 01	0.602
		其他职务	0.303 07	0.171	0.344 79	0.126	0.225 23	0.339	0.302 87	0.165	0.193 12	0.522	0.640 01*	0.002
	其他职务	正职	−0.500 61*	0.000	−0.808 45*	0.000	−0.554 73*	0.000	−0.303 23*	0.026	−0.297 56*	0.045	−0.469 00*	0.001
		副职	−0.303 07	0.171	−0.344 79	0.126	−0.225 23	0.339	−0.302 87	0.165	−0.193 12	0.522	−0.640 01*	0.002
年龄	30 岁及以下	31～40 岁	−0.435 02	0.241	0.372 18	0.429	−0.031 07	0.999	0.043 16	0.998	0.016 26	1.000	−0.220 37	0.829
		41～50 岁	−0.745 66*	0.004	−0.077 82	0.987	−0.495 17	0.089	−0.280 93	0.574	−0.629 93*	0.035	−0.589 57	0.076
		51 岁及以上	−1.336 22*	0.000	−0.558 63	0.095	−0.369 98	0.329	−0.322 19	0.487	−0.544 94	0.109	−0.779 61*	0.012
	31～40 岁	30 岁及以下	0.435 02	0.241	−0.372 18	0.429	0.031 07	0.999	−0.043 16	0.998	−0.016 26	1.000	0.220 37	0.829
		41～50 岁	−0.310 64	0.121	−0.450 00*	0.013	−0.464 10*	0.003	−0.324 09	0.094	−0.646 19*	0.000	−0.369 20	0.085
		51 岁及以上	−0.901 20*	0.000	−0.930 81*	0.000	−0.338 92	0.095	−0.365 36	0.076	−0.561 20*	0.003	−0.559 25*	0.005
	41～50 岁	30 岁及以下	0.745 66*	0.004	0.077 82	0.987	0.495 17	0.089	0.280 93	0.574	0.629 93*	0.035	0.589 57	0.076
		31～40 岁	0.310 64	0.121	0.450 00*	0.013	0.464 10*	0.003	0.324 09	0.094	0.646 19*	0.000	0.369 20	0.085
		51 岁及以上	−0.590 56*	0.000	−0.480 81*	0.004	0.125 19	0.762	−0.041 27	0.990	0.084 99	0.932	−0.190 04	0.576
	51 岁及以上	30 岁及以下	1.336 22*	0.000	0.558 63	0.095	0.369 98	0.329	0.322 19	0.487	0.544 94	0.109	0.779 61*	0.012
		31～40 岁	0.901 20*	0.000	0.930 81*	0.000	0.338 92	0.095	0.365 36	0.076	0.561 20*	0.003	0.559 25*	0.005
		41～50 岁	0.590 56*	0.000	0.480 81*	0.004	−0.125 19	0.762	0.041 27	0.990	−0.084 99	0.932	0.190 04	0.576

* 为平均值差异在 0.05 层级显著。

基于上述评价，评估工作组邀请受访村“两委”女干部就影响情况做进一步说明。村“两委”女干部认为，集中培训对个人能力改善主要体现在以下方面：一是提高日常办公效率，如使用办公软件、社交软件等；二是转变个人工作态度，如在工作中更加自信并主动承担、积极并耐心聆听、敢于大胆尝试等；三是提升基层服务能力，如沟通交流能力、组织能力、问题解决能力等；四是拓宽工作思路，如开始关注老人及儿童需求、尝试开展村庄规划、结合村庄实际关注经济发展等；五增加项目管理和操作知识，如开展项目规划设计、在项目内设置会计和出纳等。

评估工作组邀请高校授课教师、走访村庄的村委委员和村民，就村“两委”女干部参与集中培训前后的变化进行自由阐述，部分授课教师、村委委员及村民就此方面进行回馈。给予回馈的授课教师认为，受训村“两委”女干部参与集中培训后的变化包括掌握较为新颖的知识、个人工作态度和能力提升、变得更加自信、人际交往和社会支持得到拓展等；给予回馈的大部分村委和村民认为，村“两委”女干部参与集中培训后的变化主要表现为：一是工作思路转变，如更加清晰或者开阔等；二是工作能力提升，如组织能力更强、协调处理问题更有技巧和方法等；三是工作态度转变，如态度更热情、积极性提高、责任心更强等；四是使村民和村庄受益，如积极为村民谋福利、村民经济收入提高。也有个别村委认为，村“两委”女干部参与集中培训后没有太大变化。

(2) 基层民政干部集中培训执行结果

① 总体结果

评估工作组对基层民政干部培训名单及访谈结果分析发现，各省（自治区）基层民政干部筛选交由基层民政系统负责，在人员选取方面标准并不一致，更多结合所在省（自治区）民政系统工作人员业务发展需求，受训基层民政干部与村“两委”女干部之间的工作相关性未纳入前设条件。因此，各省（自治区）参与集中培训的基层民政干部与村“两委”女干部之间大部分在工作或业务开展方面无直接相关性。

② 满意度评价

展璞计划全国项目办公室于项目中后期专门设计了针对基层民政干部的问卷，要求各集中培训执行高校组织学员训后填写，形成基层民政干部满意度评价数据。实际执行中，各集中培训执行高校根据自己的理解，各自使用基层民政干部训后问卷或村“两委”女干部培训问卷格式收集或呈现测评结果。评估工作组对各省（自治区）基层民政干部满意度的评价数据进行整理和统计分析得知，整体而言，基层民政干部对集中培训安排的满意度均值为 92.6%，对培训效果的满意度均值为 93.8%，对 6 个课程主题内容的满意度均值为 94.2%。其中，湖南省、陕西省、广东省和新疆维吾尔自治区基层民政干部对培训安排方面的满意度评价均值依次为 92.40%、90.60%、94.40%、93.40%；对培训内容方面的满意度评价均值依次为 92.80%、91.80%、94.80%、94.40%；对课程主题内容的满意度评价均值依次为 94.80%、93.60%、93.60%、94.80%。

③ 能力变化情况

评估工作组实地走访 46 名基层民政干部，邀请其就参与集中培训对自身能力的影响和对自身与村“两委”女干部合作的影响进行评价。其中，大部分受访基层民政干部认为，参与集中培训能够提高自身能力，如“以前想不到的东西，现在会有想法”“对民政工作的认识有提高，理解了社会工作系统化的服务，理论知识有更多认识”“通过课堂的展示，锻炼自己，现在与局长、各科室的沟通更好”等，并对个人能力提升受影响程度的评价整体均值为 83.95%，主要集中在增加法律法规和基层民政工作知识、增强组织管理和业务沟通协作等能力、开阔视野并转变工作思维态度三个方面。也有少部分基层民政干部提出集中培训存在内容与自身工作实际不符合、知识内容较多难以消化等情况。

在与村“两委”女干部的合作关系方面，大部分基层民政干部表示在实际工作时未曾接触女村干部，集中培训对自身和村“两委”女干部合作关系方面的作用主要表现为：了解村“两委”女干部实际工作情况、增加认识。少部分基层民政干部表示，这有助于其在未来合作时更加理解或者考虑村“两委”女干部的需求。

(3) 集中培训执行的其他影响

评估工作组邀请各省(自治区)高校项目管理小组代表、师资团队代表和学生志愿者团队代表对参与集中培训所受的影响进行自由评价。各省(自治区)高校项目管理小组、师资团队代表和学生志愿者代表均认为，参与集中培训对于高校和自身具有积极的影响。大部分高校项目管理小组代表认为，举办集中培训有助于拓展学校业务、改革教学方法、科研工作发展以及链接资源等；大部分师资团队代表认为，参与集中培训授课有助于丰富并改进教学方法、提升教学质量、改善师生关系、增加对农村以及村“两委”女干部的了解；大部分学生志愿者团队代表认为，参与集中培训志愿者服务有助于提升组织和沟通能力、增加多方面知识、丰富经验和社会阅历等；个别学生志愿者也表示觉得与人沟通很麻烦。

此外，评估工作组就参与式教学方式收集村“两委”女干部和基层民政干部、各省(自治区)项目办公室、培训高校管理小组、师资团队及学生志愿者团队的评价，各方均给予参与式教学方式高度赞誉，认为采用参与式教学方式能够活跃课堂氛围，营造并融洽师生关系，帮助村“两委”女干部和基层民政干部理解所学的课堂知识，提高教学质量。同时，这种参与式教学方式也为各地集中培训承办高校教学教改和各省(自治区)民政系统培训提供了借鉴。

(二) 远程教育

1. 远程教育执行过程

2014 年年初，远程教育专家组召集各地专家通过会议对 E-learning 网上学习平台进行规划和讨论。2014 年 7 月，展璞计划全国项目办公室协调民政部、李嘉诚基金会、中国社会新闻出版总社召开年中工作会议，就 E-learning 网上学习平台内容进行商议。展璞计划远程教育 E-learning 网上学习平台于 2014 年 8 月正式发布，交由高校在集中培训过程中进行使用并指导其操作，并于 2015 年 6 月委托中国社会报社承担 E-learning 网上学习平台信息管理服务，不定期采集、编辑和上传更新网站资讯。网站完善期间，全国项目办公室与李嘉诚基金会、技术团队进行了多次沟通。2014 年 8 月，展璞计划微信公众平台发布使用，由展璞计划全国项目办公室项目官员维护与更新。

2. 远程教育执行结果

截至评估时，E-learning 网上学习平台主要分为 8 个板块，包括展璞计划项目介绍、新闻资讯与公告、知识宝库、精选视频、种子计划信息、平板电脑与智能手机信息、精华分享和会员中心。其中，新闻资讯与公告主要展示项目活动信息、性别及与农村建设相关的新闻资讯，共有 542 篇；知识宝库分享政策法律、社会管理等相关资讯，有 1 552 条；精选视频展示项目活动、性别与社会议题、种植与养殖技术等相关视频，有 228 个。展璞计划项目官方微信公众平台为订阅号，不定期推送展璞计划项目介绍、受训村“两委”女干部项目活动资讯、参与者感受等信息，共计 101 条。

评估工作组邀请湖南省、陕西省、广东省、新疆维吾尔自治区 249 名受训村“两委”女干部就远程教育使用情况进行反馈。在 E-learning 网上学习平台使用方面，湖南省和新疆维吾尔自治区大部分村“两委”女干部表示并不清楚或知晓 E-learning 网上学习平台及其功能，部分知晓展璞计划培训网但未使用过，个别村“两委”女干部偶尔登录网站查阅项目信息；陕西省大部分受训村“两委”女干部知道展璞计划培训网但未使用，少部分村“两委”女干部登录过网站学习电脑知识、政策、法律、法规等；广东省约 30%的村“两委”女干部知道展璞计划培训网，并会登录后浏览相关资讯，大部分村“两委”女干部不知道或未使用过该网站。登录并使用网站的部分村“两委”女干部认为，网站上的项目案例和知识资讯对个人工作有一定的借鉴作用，而影响以上村“两委”女干部登录并使用展璞计划培训网的主要原因在于“不知道有这个平台或不会操作”“工作忙没时间”“网络不好或登录不上”“对工作帮助不大”等。

在展璞计划微信公众平台方面，部分受访村“两委”女干部表示会关注并浏览微信公众号推送的信息，认为信息中提及的其他地区的项目案例能够为自身提供经验借鉴。

（三）项目支持

1. 各类项目执行过程

（1）种子计划项目执行过程

展璞计划为湖南省、陕西省、广东省、新疆维吾尔自治区4个省（自治区）提供种子计划鼓励金，在课程中设置项目方案设计环节，由授课老师协助所有受训村“两委”女干部结合村庄需求制定项目方案。随后，经过小组推选和全班票决，筛选出20%的项目方案予以种子计划鼓励金支持。获颁发种子计划鼓励金的村“两委”女干部须在半年内于所在村庄完成项目，结束后需填写项目实施情况、财务报告及项目完成表，通过各省（自治区）项目办公室转交至全国项目办公室，再移交基金会。

各省（自治区）种子计划项目在实施期间可获得协作机构的指导和支持。四地种子计划协作机构均采用了以电话为主、QQ群或微信群等线上交流为辅的方式指导种子计划项目，陕西嘉义妇女发展中心和新疆新翼社会工作服务中心开展了实地走访，指导内容包含项目执行问题答疑交流、案例分享或介绍、工作方法与技术教导、资源分享等。

（2）智能手机/平板电脑项目执行过程

展璞计划在湖南省、陕西省、广东省、新疆维吾尔自治区四个省（自治区）开展智能手机/平板电脑项目，于每期集中培训期间由所在省（自治区）的高校授课教师组织课堂互动测试或上机考试，选取测试或考试结果排名靠前的学员，排除种子计划鼓励金获得者后，依名次发放2台平板电脑和1部智能手机。获颁发智能手机/平板电脑的村“两委”女干部被要求拍摄村务或村庄活动视频并上传展璞计划官方网站。然而，在实际执行中，未见任何主体对这方面的实际开展或完成情况进行跟进或管理。

（3）“乡村大讲堂”项目执行过程

展璞计划在广西壮族自治区开展乡村大讲堂项目，由48名完成集中培训的村“两委”女干部返回其所在村庄/社区开展村民培训活动，培训活动要求于集中培训后半年内完成。其间，广西大学学生志愿者团队跟进了解每名村“两委”女干部活动开展进度，并前往3个乡镇拍摄项目活动开展情况。村“两委”女干部项目完成后，志愿者须填写广西乡村发展辅导员“乡村大讲堂”活动情况报告表，并邮寄至广西壮族自治区项目办公室，然后经全国项目办公室转寄至基金会。

2. 各类项目执行结果

(1) 种子计划项目执行结果

展璞计划共发放400多万元以支持4个省(自治区)的807个种子计划项目，包括10个陕西省电商平台种子计划。种子计划项目主要分为9个类别：推动科技传播知识类、发展产业增加收入类、服务社区关怀弱势类、丰富精神文化生活类、关爱妇女提升能力类、基础建设改善设施类、技能培训增加就业类、保护生态改善环境类以及关爱儿童发展教育类。种子计划项目设计在内容选择方面具有较高的一致性，如建立经济合作社、建设老人院或儿童中心、建立村民文娱队等，根据所在省(自治区)情况而略有差异。截至评估时，大部分种子计划项目如期完成，少数项目中途停止或变更。

依据方案设置要求，评估工作组抽样访谈77名获种子计划鼓励金支持的受训村“两委”女干部，实地走访41个种子计划项目所在村庄，同时邀请获种子计划项目鼓励金的村“两委”女干部、种子计划项目所在村庄的村委委员和村民对种子计划项目影响进行自由评价，发现有3个种子计划项目内容变更、2个电商平台项目中断、1个种子计划项目停摆、1个种子计划项目完成但未投入使用、1个种子计划项目更改资金用途、1个种子计划项目为村党委书记自家产业项目而不是村集体项目。

其中，大部分予以评价的村“两委”女干部认为，实施种子计划项目有利于个人工作开展，同时解决了村民和村庄的问题，满足了村民需求，如“启动了我村的硬件建设”“使村委会和群众对我的工作有很大支持”“村委的工作更容易开展”等。大部分受访村委和村民认为种子计划项目实施能够解决村民问题，满足村民在个人技能、经济收入、精神文化生活方面的需求，同时改善村庄环境和风貌，如“自种子计划带到村里后，得到了村民的欢迎，村民中出现了创新的积极性”“(引导)村民改善经济困难，还提高了村民发挥自己的能力”“文化室、地下室、休息室等场所给老年人提供了去处”“村里妇女没有参加舞蹈队(健身队)之前都是打麻将，家里经常因为这个吵架，现在跳舞，身体好了，矛盾也少了”“通过创设垃圾箱改变了村内脏乱差的情况，村民反映好，深得民心”等。也有个别村委委员和村民认为，种子计划项目实施没有太大影响，或提出资金数额少，希望能够获得持续支持。其中，村民对自身和村庄受种子计划项目影响程度整体评价的均值为89.48%。

此外，四地种子计划协作机构于展璞计划执行期间共计指导或支持种子计划项目107个，部分种子计划协作机构反馈种子计划项目对村“两委”女干部自信心增强、思维转变、领导能力知识和实践应用有积极作用。另外，种子计划能够丰富所在村庄村民文化娱乐生活、改善村庄环境和带动村民经济收入水平提升。评估工作组根据湖南省社会工作协会、陕西嘉义妇女发展中心、广东绿耕社会工作发展中心和新疆新翼社会工作服务中心提供的督导回访名单，随机抽取12名村“两委”女干部进行电话回访，了解种子计划协作机构指导成效，其中10名村“两委”女干部予以反馈。访谈结果显示，受访村“两委”女干部接受种子计划协作机构的协助形式依次是电话指导(70%)、实地指导(60%)、互助学习组(40%)和互助学习活动(10%)；受访村“两委”女干部认为，种子计划协作机构对其项目实践的帮助程度评价均值为91%，而她们对种子计划协作机构的服务满意度评价均值为96%。

评估工作组邀请受访村“两委”女干部就项目支持的成效和影响做进一步说明：50%的村“两委”女干部表示，种子计划协作机构能够分享专业知识与工作手法，如“提供一些关于服务方式的建议，知道从哪些方式入手开展工作”；40%的村“两委”女干部表示，在协助下完成种子计划项目使她们获得自我认可和村民认可，如“完成了这个种子项目，我也从中得到鼓励，以后做事时会更有信心，自信心提高了”；30%的村“两委”女干部表示，从精神上得到支持和鼓励，如“老师会给予指导，让我获得精神上的鼓励”；30%的村“两委”女干部表示，受益于种子计划协作机构组建的互助网络和交流平台，如“与其他女村干部从不认识到认识，大家在工作上互相交流互相鼓励”等；也有个别村“两委”女干部认为，种子计划协作机构的帮助有限。

（2）智能手机/平板电脑项目执行结果

“展璞计划”在湖南省、陕西省、广东省、新疆维吾尔自治区 4 个省（自治区）共计发放平板电脑 204 台、智能手机 101 部。发放时，平板电脑和智能手机内已下载有部分软件可供使用。评估工作组抽取 19 名获得智能手机或平板电脑的村“两委”女干部参与座谈，并走访其中 8 个村庄。各省（自治区）的村“两委”女干部对所获得的平板电脑和智能手机使用情况不一致：广东省受访村“两委”女干部表示，平板电脑和智能手机均使用较多；陕西省和新疆维吾尔自治区大部分受访村“两委”女干部表示，经常使用智能手机，但基本不使用平板电脑。其中，平板电脑多用于录制和播放视频、拍摄照片。广东省受访村“两委”女干部亦在查找资讯和办公时使用平板电脑，认为有助于便捷办公；智能手机多用于查找资讯与阅读、登录 QQ 或微信进行沟通与交流等。而未使用或不使用的原因主要为无网络或网络信号不好、无法登录要求的网站、平板电脑坏了等。

（3）“乡村大讲堂”项目执行结果

广西壮族自治区 48 名村“两委”女干部共开展 48 场乡村大讲堂活动，活动主题聚焦在种植和养殖技术、生态乡村旅游和环境建设、弱势群体关怀服务三个方面。

评估工作组围绕乡村大讲堂活动成效邀请村“两委”女干部进行自由评价，并走访部分参与活动的村委和村民。47%的村“两委”女干部就乡村大讲堂进行回馈，均认为开展村民培训对工作和能力提升具有帮助，能够通过乡村大讲堂获得村民的支持与认可；参与培训的村委委员和村民均认为乡村大讲堂活动对自身或村庄改善具有帮助，其中有 94%的村委委员和村民认为参与活动对自身具有影响，主要为意识行为转变（52%）和知识技术提升(46%)两个方面,对自身受乡村大讲堂活动影响的程度评价均值为93.5%,同时有16%的村委委员和村民认为活动开展对村庄环境改善具有影响。此外,58%的接受调查的村委委员和村民围绕村“两委”女干部能力变化进行自由评价。其中,79%的村委委员和村民评价村“两委”女干部在培训后工作开展变得更加积极主动,同时有58%的村委委员和村民评价村“两委”女干部工作能力表现更强。

(四)村“两委”女干部互助学习组

1. 互助学习组执行过程

村“两委”女干部互助学习组由湖南省、陕西省、广东省三地种子计划协作机构基于所有受训村“两委”女干部自主决定组建形式,湖南省社会工作协会和陕西嘉义妇女发展中心于集中培训时介入,通过组建班级QQ群、微信群的方式建立互助学习组。其中,湖南省社会工作协会主要面向种子计划项目;陕西嘉义妇女发展中心面向所有受训村“两委”女干部;广东省绿耕社会工作发展中心于集中培训结束后,从种子计划项目名单中筛选成员,通过微信建立互助学习组。

2. 互助学习组执行结果

截至评估时,三地共组建村“两委”女干部互助学习组19个。其中,湖南省社会工作协会分地区组建益阳、怀化、株洲、宁乡4个线上互助交流小组;陕西嘉义妇女发展中心按地域组建6个参训村“两委”女干部互助微信群和8个QQ群,累计开展6次线下互助小组活动;广东省绿耕社会工作发展中心将跟进的20个种子计划项目组建成1个线上互助学习组,开展1次线下互助学习活动。

评估工作组邀请受访村“两委”女干部就互助学习组的组建与活动开展情况进行评价:湖南省村“两委”女干部均对互助学习组的存在及其功能表示不清晰;陕西省和广东省大部分受访村“两委”女干部表示未参加,少部分村“两委”女干部认为参加互助学习组有助于交流和分享工作经验、增加个人友谊等。

（五）高校研究项目

展璞计划支持湖南师范大学、西北大学、新疆大学和汕头大学依托项目实施开展课题研究，分别围绕“展璞计划”实施成效、村“两委”女干部的社会或社区治理能力、农村妇女参与基层自治等内容进行探索，共形成 20 个研究课题，其中部级课题 4 个，校级课题 16 个，至评估时已全部结题。

（六）其他活动

在宣传方面，展璞计划全国项目办公室、各省（自治区）项目办均于项目启动时、集中培训期间，通过政府网站、主流报纸、E-learning 网上学习平台、“展璞计划”微信公众号等，对项目开展和进度信息进行报道。此外，借助芒果 V 基金，湖南卫视、湖南都市频道对展璞计划开展了 5 个专题报道。

评估工作组邀请各省（自治区）项目办公室就展璞计划整体影响进行自由评价。湖南省、广东省、新疆维吾尔自治区、广西壮族自治区 4 个省（自治区）均认为展璞计划项目的实施对本省（自治区）具有积极影响：一是能够使受训村“两委”女干部拓宽思维和视野，提升个人能力，激励并支持其开展村务工作；二是受训村“两委”女干部的能力提升，以及种子计划项目实施对所在村庄发展具有一定带动作用；三是集中培训能够有效弥补当下民政体系培训需求，同时参与式教学方式对民政创新培训方式有所启发。

此外，评估工作组邀请各地种子计划协作机构对参与展璞计划的影响进行自由评价。四地种子计划协作机构均认为，参与展璞计划项目能够促进机构对农村地区的了解和认识。也有个别种子计划协作机构提出“仅是一个项目，没有带来更多影响”。

第四节　评 估 结 论

基于上述评估结果，评估工作组依据前期方案和资料，综合分析展璞计划运作及管理情况，得出以下结论。

一、整体运作情况

总体而言，展璞计划建立起了严谨有序的项目运营系统，编写项目管理手册作为执行和管理依据，各方参与主体基本上能够依从预期方案开展项目活动。截至评估时，大部分项目计划如期完成，并对村“两委”女干部和农村地区、项目执行省（自治区）民政系统、集中培训执行高校等具有一定成效。

（一）方案设计与项目活动执行方面

“展璞计划”遵循知识学习到实践强化的逻辑顺序，设计能力建设方案，围绕农村地区村“两委”女干部综合素质能力提升和作用发挥这一核心目标，依次安排集中培训和项目实践活动，并辅以网络学习平台、种子计划协作机构等支持系统，能够从纵横两个方向兼顾个人成长的内在需求和外在支持，并结合各省（自治区）经济和文化环境对项目活动进行优化探索，已是在周期时间和资源成本约束下对项目活动内容丰富性的最大扩充。实际执行时，各方参与主体均依照已有的项目方案要求开展活动，除了远程教育板块内容和进度在执行时有部分调整，其他各项主要活动板块均依照计划开展。

（二）项目沟通与管理方面

项目管理手册分别从参与主体、项目活动、时间进度三个层面解构项目工作内容，同时订立综合管理机制，对各方主体执行和项目管理活动提出要求。各方参与主体依托项目管理手册履行职责，遵循要求承担项目服务，积极开展日常沟通，均能按照项目要求履行集中培训板块的日常管理和监督工作。但比对预期计划细节发现，在实际执行时，部分远程教育板块和项目支持板块的监测管理细节有所缺失，如远程教育学习平台使用情况、获平板电脑和智能手机的村“两委”女干部履约情况、种子计划项目整体实施和完成情况等。此外，监测管理结果数据未能得到及时统计和反映。

（三）项目实施结果与目标完成方面

展璞计划在目标人群、地域和村庄覆盖方面与预期计划一致，对农村地区村“两委”女干部和基层民政干部能力提升具有积极作用。种子计划项目的实施也在一定程度上影响所在村庄和村民，并使集中培训执行高校和所在省（自治区）受益。但种子计划项目质量良莠不齐，内容和类型重复性较高，在本土资源链接和分配方面容易出现资源重复或争夺的情况，影响区域整体发展。另外，各省（自治区）在继续教育模式探索、互助学习网络建设等方面，也有因内容适用性、执行进度调整、资金投入和覆盖对象较少导致成效不足的情况。

二、整体实施成效

（一）提升基层干部的综合素质

展璞计划以提升村“两委”女干部能力，进而发挥其在村庄管理中的作用为核心目标，兼顾基层民政干部综合素质提升。评估结果显示，5个省（自治区）大部分村“两委”女干部和基层民政干部对自身参与展璞计划的满意度评价较高，并认为个人在思维视野、情绪态度、知识技能等方面均有不同提升，展璞计划的实施有利于支持村“两委”女干部和基层民政干部日常工作开展。各省（自治区）项目办公室、种子计划协作机构、受访村委委员和村民根据自身参与情况，在反馈中亦认为展璞计划对受训村“两委”女干部能力变化具有积极影响，能够促进村“两委”女干部改善工作态度、改进工作方式等，在村务工作中发挥作用，使村民受益。因此，评估工作组认为展璞计划能够依循预期目标，有效提升村“两委”女干部和基层民政干部个人的综合素质。

（二）激发基层管理服务活力

分析上述评估结果发现，展璞计划从不同方面推动村“两委”女干部参与村庄管理和村务服务，具有一定成效。一方面，参与展璞计划项目的大部分村“两委”女干部在参加集中培训并返回村庄后，积极实践所学知识和技能，获得村委及村民认可，有效激励了村“两委”女干部发挥性别优势，承担起更多的村务工作;另一方面,种子计划项目能够协助村"两委"女干部开展村务工作,满足村民需求并改善村庄环境等,也帮助其在村庄发展中建立个人自信和影响,进而撬动更多人员、资源共同投入农村发展事业,部分地区和村庄因探索村庄经济发展开始具备村民自治雏形。同时,部分基层民政干部因参与集中培训,也对民政工作进行更多思考。因此,通过回顾展璞计划的过程与结果,评估工作组认为展璞计划实施在一定程度上能够激发基层管理服务活力,推动农村地区发展。

(三)完善现有民政培训管理体系

本次评估中,展璞计划集中培训部分获得了项目参与各方的较高赞誉,他们均认为集中培训的开展对村"两委"女干部和基层民政干部、各省(自治区)民政或妇联系统具有积极影响。一是在培训对象方面,改变以往政府系统均等化、普惠性的培训模式,针对村"两委"女干部和基层民政干部各自特点开展独立培训,满足基层管理系统中不同群体的个性化需求。二是在培训方式方面,采用参与式的教学方式,改变以往各省(自治区)民政系统和各地集中培训的教学习惯,有效提高培训效率。三是在培训模式和思路方面,展璞计划采用项目化运作方式,整合并调动各省(自治区)行政系统、高校师生、基层干部及村民参与,为各省(自治区)民政系统和各地集中培训执行高校提供创新经验。因此,结合展璞计划各参与主体评价,评估工作组认为展璞计划能够完善当前民政培训管理体系,为基层干部队伍开展日常工作提供助力。

(四)深化高校教学改革与科研工作

在评估中我们了解到,依托展璞计划参与契机,各地集中培训执行高校积极探索教学改革,除了借鉴参与式方式调整教学模式,还结合集中培训课程教学经验探索学科建设和教学管理模式,尤其是湖南师范大学建立"以村干部需求为导向、以学科知识为基础、以实践能力为核心"的定制式应用型人才培养模式;汕头大学基于"展璞计划"培训资源,建立了课堂监督和意见回馈、教师自我评估、学员反馈、定期回访、集体座谈五大运作管理机制以提升教学质量，值得各地推广借鉴。同时，参与展璞计划使得各集中培训执行高校授课教师加深了对农村地区发展和村委工作的了解，积累了相关知识和实地资料。因此，综合评估结果及资料展示，评估工作组认为展璞计划项目实施过程能够深化各地集中培训执行高校教学改革和科研工作，使高校在提供服务的同时反哺自身发展。

（五）链接区域资源合作网络

展璞计划设置了多方参与、互动支持的工作架构，在项目实施过程中构建起了以省（自治区）为单位的关系网络。在受训村“两委”女干部群体层面，各省（自治区）村“两委”女干部群体因参与展璞计划聚合在一起，形成人际支持和经验分享网络。在参与主体层面，展璞计划动员党政机关、基层社区、高校、社会组织共同参与，使得各方主体加深了解与合作，促使各省（自治区）建立多元共治网络。在资金和资源层面，民政部和李嘉诚基金会合作，共同投入智力、资金、人员等，拓展政府资本与社会资本合作边界，也极大地调动了各省（自治区）的资源投入，形成了项目运作与管理的资源共享网络。因此，综合展璞计划系统运作和管理情况，评估工作组认为展璞计划能够助力各省（自治区）链接区域资源合作网络，间接服务于农村地区发展，推动各省（自治区）探索基层社会治理创新的新模式。

三、完善建议

（一）调整项目板块内容

展璞计划以村“两委”女干部和基层民政干部为媒介，致力于提升基层治理和服务能力，间接影响农村地区发展，设置了集中培训、远程教育、项目支持、互助学习组、高校研究等内容板块，探索目标实现的有效策略。从以上各板块评估结果来看，内容设置和投入细节方面的差异导致各板块成效不一，进而影响项目整体成效。因此，评估工作组建议从以下几个方面进行内容调整：一是扩大集中培训和种子计划项目的受益范围；二是结合各省（自治区）农村地区的实际情况，调整远程教育，尤其是 E-learning 网上学习平台的传播内容和渠道，以确保远程教育的有效性；三是针对当前智能手机普及的情况，取消或减少平板电脑和智能手机发放，避免资源浪费或重复投入；四是筛选部分村民参与项目，通过村民自治推动村庄发展。

（二）完善各方主体职责设置

基于各省（自治区）项目办公室、集中培训执行高校及种子计划协作机构等主体均遵从项目管理手册执行的情况，评估工作组建议全国项目办公室会同各省（自治区）主要参与主体，总结本次展璞计划实施和管理的经验，梳理并明确统一的项目工作框架和成效要求，于项目执行前，结合所在省（自治区）实际，制定各地展璞计划具体工作方案，明确展璞计划执行过程中各方主体的分工与合作细节，并形成工作职责和机制。同时指导各省（自治区）项目办公室、集中培训执行高校及种子计划协作机构等参与主体建立联席工作机制，于项目执行过程中共同开展对种子计划项目、智能手机/平板电脑项目的跟进和管理，促进各方主体在项目管理中发挥作用，以确保提升项目整体绩效。

（三）优化集中培训课程体系

展璞计划集中培训对村“两委”女干部和基层民政干部能力提升带来较大影响，项目参与各方在表示赞誉的同时，也对集中培训课程内容和安排具有更高期待。为提升展璞计划项目集中培训效用，更好地支持村“两委”女干部和基层民政干部个人综合素质提升，评估工作组参考各方反馈，建议从以下几个方面进一步优化集中培训课程体系：一是在课程主题和内容设计方面，可整理各地高校研究项目成果，在现有 6 个主题框架下调整部分与所在省（自治区）村“两委”女干部和基层民政干部工作需求对应的知识点，更换课本中与各省（自治区）农村地区发展实际更加贴切的案例，助力“两委”女干部和基层民政干部工作实践；二是在课程时间和环节上，针对村“两委”女干部年龄、文化水平等方面参差不齐的情况，在继续采用参与式教学方式的同时，延长单节课教学时间，增加课程学习中的实践交流环节，在课程学习期间或结束后组织案例观摩和学习讨论环节，帮助受训村“两委”女干部和基层民政干部理解并掌握课程知识；三是在个性化需求方面，可探索个性化课程体系建设，增设生产技术知识、项目成效管理等选修课程，满足不同省（自治区）学员的个性化需求，同时考虑部分地方如新疆维吾尔自治区受训学员语言文化特点编制教材。

（四）重视项目过程管理和质量

展璞计划能够分阶段、有步骤地提升村“两委”女干部的能力，同时解决其在村务工作中面临的内外阻碍因素。然而，评估工作组发现在项目执行过程中，除了集中培训，其他项目活动的完成进度、覆盖范围等与预期配合情况存在差距，也导致集中培训成效随时间推移而逐渐弱化。另外，从评估资料和结果中看，展璞计划缺少过程管理资料，在实际执行过程中难以辨识具体项目活动全貌，进而影响项目过程质量和成效。基于此，为巩固集中培训成效，评估工作组结合评估过程中各方反馈，建议一方面在项目管理和项目支持方面增加投入，如及时完成集中培训，完成对村“两委”女干部和基层民政干部能力变化自我测评的数据收集与统计分析，设置远程教育平台，使用成效管理要求和成效标准并进行阶段性评价调整，加大对现有各类项目活动执行后回访及指导方面的物资和人员投入等，确保集中培训成效延续并发挥影响；另一方面完善现有项目监测机制，整合各省（自治区）项目办、集中培训执行高校和种子计划协作机构力量，统一规划并相互配合，定期跟进项目过程质量。

（五）整合并规划区域项目活动

展璞计划于集中培训期间，指导村“两委”女干部结合村庄发展需求设计项目方案，并于集中培训后投入资金支持各省（自治区）种子计划项目或乡村大讲堂项目活动实施，期望通过项目活动带动农村地区发展。评估工作组发现，各省（自治区）获种子计划鼓励金项目在内容设计上具有较高的趋同性，这说明各省（自治区）内大部分村庄所面临的问题具有较高的同质性，导致对资源的需求也存在较高的一致性。对此，各省（自治区）可考虑整理各地项目设计方案，围绕村庄发展需求与项目活动类型进行统一规划，筛选出并协助其中具有发展潜力的村庄与项目进行资金或资源链接，集中力量支持部分村庄通过项目实施发展起来。

第五节　讨论与思考

一、展璞计划模式中的基层干部培养经验

基于系统理论视角，展璞计划关注村“两委”女干部和基层民政干部能力建设议题，依从“知识学习—实践增能”的教育路径，设置不同功能的活动板块，构建起自上而下、由内到外的项目支持体系，使个人在与系统互动的过程中提升能力，的确对村“两委”女干部和基层民政干部个人综合素质提升具有较大影响。就各功能板块设置而言，集中培训环节直接聚焦村“两委”女干部和基层民政干部能力建设需求，通过课程学习实现村“两委”女干部和基层民政干部的知识储备，所采用的参与式教学方式备受参与各方赞誉，并被各省（自治区）民政厅、集中培训执行高校借鉴。资助项目中的种子计划项目为大部分获资助村“两委”女干部提供了能力施展平台，促使村“两委”女干部结合村务工作巩固所学的知识技能，同时在村庄发展中建立个人价值和影响，这一程序逻辑模式对成效和目标达成的结果在评估中已被证实有效。对比不同类型参与者的参与情况，评估工作组认为可通过以上培养方式实现全覆盖，最大限度地提升村“两委”女干部和基层民政干部的综合素质，同时促使其学以致用，致力于农村地区发展，延伸培训效益。然而，由于远程教育受到实施进度、传播导向、各省（自治区）人员素质和网络硬件等方面限制，未能按预期发挥继续教育支持作用；而后续其他资助项目支持力量不足，使整体项目成效随时间推移而弱化，这影响了集中培训成效及项目整体对村“两委”女干部和基层民政干部能力建设成效的把控，亦较难明确测量项目外部支持体系对村“两委”女干部和基层民政干部的影响。基于此，评估工作组认为可继续沿用现时期展璞计划能力建设的程序架构，探索

调整多元化远程教育模式，如组织微信群或QQ群授课等，结合各省（自治区）发展实际，考虑提供更便利、有用的继续教育支持。

二、展璞计划模式中的“互联网+”

近年来，随着信息网络技术发展，通过互联网实现信息置换、资源融合、产业调整以及技术变革等活动的模式慢慢渗透到各个传统行业，成为带动行业创新发展的驱动力。如何更好地利用互联网技术带动行业模式的创新与发展，创建跨界合作、多元融合的新生态，成为近两年来各行业的热议话题。展璞计划在设置和执行项目内容的过程中，也试图探索互联网技术应用，并在部分细节上做了尝试，比如，倡导基层管理办公和社交软件应用、创设互联网平台受教育渠道、资助农村电子商务项目等。从评估结果上看，这些项目活动成效与预期均有差距，其中部分受训村“两委”女干部表示，学习互联网技术、转变工作和生活方式的过程困难重重。随着互联网应用和信息化服务的发展，可预见在互联网使用方面的客观限制将会逐渐消失，而村“两委”女干部对工作便利性、村民收入水平提升等需求必然会引导着她们适应并转变传统工作和生活方式。若能重点考虑通过展璞计划提升村“两委”女干部的互联网技术应用能力，或调整目前网络学习平台使用的便捷性，就要先从具有互联网技术普及地区开始尝试。基于此，评估工作组认为展璞计划可尝试从互联网技术较为普及的省（自治区）和村庄开始，在集中培训中设置更有针对性的互联网技术应用课程，同时尝试对部分能够使用互联网平台带动村庄经济和生产生活发展的种子计划项目予以更多资助，推动互联网技术贯穿于项目的各个部分。我们可以考虑在项目运营管理中，依托网络学习平台收集项目执行过程信息和结果数据，通过网络系统将各省（自治区）项目办公室、集中培训执行高校、种子计划协作机构的协作信息汇集成项目数据库，从而串联项目运作、管理和质量控制系统，实现项目运营和管理的便捷化操作。

第六节 评估局限

本次评估工作采用了资料分析和实地走访调查相结合的方式,因受评估介入时间、工作时间、可获得资料及项目实施地语言文化等方面的限制,以上结果和结论虽然能反映展璞计划的执行情况,但可能在过程细节和结果方面存在部分未知或未尽之处,特此告知。

参 考 文 献

［1］ 涂尔干. 社会分工论[M]. 渠东，译. 北京：生活·读书·新知三联书店，2013.

［2］ 费孝通. 乡土中国[M]. 上海：上海人民出版社，2006.

［3］ 戴尔. 卡尔·波兰尼：市场的限度[M]. 焦兵，译. 北京：中国社会科学出版社，2016.

［4］ 帕森斯. 社会行动的结构[M]. 张明德，夏遇南，彭刚，译. 南京：译林出版社，2003.

［5］ 乔东平，高克祥，等. 政府与社会组织的合作：模式、机制和策略[M]. 北京：华夏出版社，2015.

［6］ 米格代尔. 社会中的国家：国家与社会如何相互改变与相互构成[M]. 李杨，郭一聪，译. 南京：江苏人民出版社，2013.

［7］ 萨拉蒙. 公共服务中的伙伴：现代福利国家中政府与非营利组织的关系[M]. 田凯，译. 北京：商务印书馆，2008.

［8］ 托马斯. 公共决策中的公民参与[M]. 孙柏瑛，等译. 北京：中国人民

大学出版社,2010.
[9] 王浦劬,萨拉蒙,等.政府向社会组织购买公共服务研究：中国与全球经验分析[M].北京：北京大学出版社,2010.
[10] 徐家良.制度、影响力与博弈：全国妇联与公共政策制定[M].北京：中国社会出版社,2003.
[11] 陈为雷.政府和非营利组织项目运作机制、策略和逻辑：对政府购买社会工作服务项目的社会学分析[J].公共管理学报,2014,11(3)：93－105,142－143.
[12] 陈家建.法人团体主义与当代中国社会[J].社会学研究,2010,25(2)：30－43,243.
[13] 陈伟杰.层级嵌入与社会工作的专业性：以A市妇联专业社会工作服务试点为例[J].妇女研究论丛,2016(5)：5－16.
[14] 陈天祥,郑佳斯.双重委托代理下的政社关系：政府购买社会服务的新解释框架[J].公共管理学报,2016,13(3)：36－48,154.
[15] 陈丽琴.乡镇妇联改革的挑战与对策研究：基于对H省乡镇妇联主席的访谈[J].领导科学,2017(20)：29－32.
[16] 崔光胜,耿静.公益创投：政府购买社会服务的新载体：以湖北省公益创投实践为例[J].湖北社会科学,2015(1)：57－62.
[17] 常江.美国政府购买服务制度及其启示[J].政治与法律,2014(1)：153－160.
[18] 丁娟,曲雯.妇联在政府职能转变中的作用研究[J].云南民族大学学报(哲学社会科学版),2006(4)：57－61.
[19] 冯元.我国公益创投发展模式与路径探讨[J].商业时代,2014(17)：91－92.
[20] 冯元,岳耀蒙.我国公益创投发展的基本模式、意义与路径[J].南京航空航天大学学报(社会科学版),2013,15(4)：28－32.
[21] 傅金鹏.社会组织提供公共服务的问责工具分析：以地方公益创投为

例[J]. 中国行政管理，2013(10)：36－41.

[22] 冯根福. 双重委托代理理论：上市公司治理的另一种分析框架：兼论进一步完善中国上市公司治理的新思路[J]经济研究，2004(12)：16－25.

[23] 范明林. 非政府组织与政府的互动关系：基于法人团体主义和市民社会视角的比较个案研究[J]. 社会学研究，2010，25(3)：159－176，245.

[24] 顾昕，王旭. 从国家主义到法人团体主义：中国市场转型过程中国家与专业团体关系的演变[J]. 社会学研究，2005(2)：155－175，245.

[25] 郭圣莉，杨黎婧，金明. 底层妇女的命运：当代中国的妇女解放运动及其限度[J]. 华东理工大学学报(社会科学版)，2008(2)：1－6.

[26] 高丙中. 社会团体的合法性问题[J]. 中国社会科学，2000(2)：100－109，207.

[27] 韩俊魁. 当前我国非政府组织参与政府购买服务的模式比较[J]. 经济社会体制比较，2009(6)：128－134.

[28] 胡薇. 政府购买社会组织服务的理论逻辑与制度现实[J]. 经济社会体制比较，2012(6)：129－136.

[29] 黄英男. “票决公益”广东试水[J]. 中国社会工作，2013(12)：25－26.

[30] 胡献忠. 改革开放以来群团组织研究述评[J]. 中共云南省委党校学报，2015，16(5)：144－150.

[31] 侯利文. 社会中的国家：迈向国家与社会的综合性范式：评乔尔·S. 米格代尔《社会中的国家：国家与社会如何相互改变与相互构成》[J]. 社会学评论，2016，4(6)：68－75.

[32] 何增科. 国家和社会的协同治理：以地方政府创新为视角[J]. 经济社会体制比较，2013(5)：109－116.

[33] 江华，张建民，周莹. 利益契合：转型期中国国家与社会关系的一个分析框架——以行业组织政策参与为案例[J]. 社会学研究，2011，

26(3)：136－152，245.

[34] 纪莺莺. 当代中国的社会组织：理论视角与经验研究[J]. 社会学研究，2013，28(5)：219－241，246.

[35] 姜秀花. 进一步发挥妇联组织在妇女脱贫攻坚中的重要作用[J]. 妇女研究论丛，2016(6)：16－18.

[36] 康晓强. 论习近平的群团观[J]. 社会主义研究，2017(1)：20－26.

[37] 康晓光，韩恒. 分类控制：当前中国大陆国家与社会关系研究[J]. 社会学研究，2005(6)：73－89.

[38] 康晓光，韩恒. 行政吸纳社会：当前中国大陆国家与社会关系再研究[J]. Social Sciences in China，2007(2)：116－128.

[39] 李健，唐娟. 政府参与公益创投：模式、机制与政策[J]. 公共管理与政策评论，2014，3(1)：60－68.

[40] 李一宁，金世斌，吴国玖. 推进政府购买公共服务的路径选择[J]. 中国行政管理，2015(2)：94－97.

[41] 林敏华，董克难. 公众参与水平及其对社会组织行为的影响探析——对广东集思公益计划的案例分析[J]. 广东行政学院学报，2015，27(2)：14－20.

[42] 刘志阳，邱舒敏. 公益创业投资的发展与运行：欧洲实践及中国启示[J]. 经济社会体制比较，2014(2)：206－220.

[43] 罗观翠，王军芳. 政府购买服务的香港经验和内地发展探讨[J]. 学习与实践，2008(9)：125－130.

[44] 李静之. 试论党的领导、政府支持和妇女解放的关系：兼论妇联和国家的关系[J]. 妇女研究论丛，2001(2)：4－8.

[45] 陆春萍. 妇联组织横向合作网络的建构[J]甘肃社会科学，2014(3)：126－129.

[46] 梁媛，冯昊. 委托代理理论综述[J]. 中国经济评论，2004(1)：62－67.

[47] 刘威. 超越官与民：慈善事业转型与组织生态重构[J]. 中州学刊，

2015(9)：67－72.

[48] 李璐. 分类负责模式：社会组织管理体制的创新探索：以北京市"枢纽型"社会组织管理为例[J]. 北京社会科学，2012(3)：47－51.

[49] 刘安. 市民社会？法人团体主义？：海外中国学关于改革后中国国家与社会关系研究述评[J]. 文史哲，2009(5)：162－168.

[50] 刘鹏，孙燕茹. 走向嵌入型监管：当代中国政府社会组织管理体制的新观察[J]. 经济社会体制比较，2011(4)：118－128.

[51] 刘京希. 社会本位：新型党社关系建构的逻辑前提[J]. 理论探讨，2017(1)：110－116.

[52] 刘莉. 妇联组织参与社会管理和公共服务的新思考[J]. 妇女研究论丛，2008(6)：5－10.

[53] 梁丽萍. 当代中国政治社团发展状况研究[J]. 当代世界与社会主义，2009(2)：138－142.

[54] 马焱. 妇联组织职能定位及其功能的演变轨迹：基于对全国妇联一届至十届章程的分析[J]. 妇女研究论丛，2009(5)：38－47.

[55] 毛丹，陈佳俊. 制度、行动者与行动选择：L 市妇联改革观察[J]. 社会学研究，2017，32(5)：114－139，244－245.

[56] 彭恒军. 社会治理主体建设与群团组织的改革与创新：解读中共中央《关于加强和改进党的群团工作的意见》[J]. 工会理论研究，2015(6)：4－8.

[57] 孙立平，王汉生，王思斌，等. 改革以来中国社会结构的变迁[J]. 中国社会科学，1994(2)：47－62.

[58] 宋雄伟. 群团组织改革必须依靠体制机制创新[J]. 中国党政干部论坛，2016(7)：32－34.

[59] 孙立平. 应对复杂化社会不能强化权力[J]. 当代社科视野，2011(10)：49－50.

[60] 田毅鹏. 转型期中国社会原子化动向及其对社会工作的挑战[J]. 社会

科学，2009(7)：71－75，189.
[61] 唐钧. 政府购买社会服务的政策缺失[J]. 中国党政干部论坛，2015(3)：51－53.
[62] 万军，李筱婧. 公益创投撬动公益事业新时代[J]. 中国党政干部论坛，2010(5)：43－45.
[63] 王思斌. 社会工作在创新社会治理体系中的地位和作用：一种基础—服务型社会治理[J]. 社会工作，2014(1)：3－10.
[64] 王思斌. 社会治理结构的进化与社会工作的服务型治理[J]. 北京大学学报(哲学社会科学版)，2014，51(6)：30－37.
[65] 王思斌. 社会工作机构在社会治理创新中的网络型服务治理[J]. 学海，2015(3)：47－52.
[66] 汪忠，朱昶阳，曾德明，等. 从福利经济学视角看公益创投对社会福利的影响[J]. 财经理论与实践，2011，32(1)：78－82.
[67] 王纪芒，刘璐璐. 法人团体主义视角下枢纽型社会组织与民族事务治理：以 A 市 M 联谊会为例[J]. 中南民族大学学报(人文社会科学版)，2018，38(4)：52－56.
[68] 吴建平. 理解法人团体主义：兼论其在中国国家与社会关系研究中的适用性[J]. 社会学研究，2012，27(1)：174－198，245－246.
[69] 汪锦军. 合作治理的构建：政府与社会良性互动的生成机制[J]. 政治学研究，2015(4)：98－105.
[70] 王庆明. 社会团结的转型与基础秩序的重建：基于对涂尔干“社会团结”的解读[J]. 福建论坛(人文社会科学版)，2010(3)：146－151.
[71] 文军. 中国社会组织发展的角色困境及其出路[J]. 江苏行政学院学报，2012(1)：57－61，67.
[72] 徐家良，赵挺. 政府购买公共服务的现实困境与路径创新：上海的实践[J]. 中国行政管理，2013(8)：26－30，98.
[73] 许小玲. 政府购买服务：现状、问题与前景——基于内地社会组织的

实证研究[J]. 思想战线，2012，38(2)：75－78.

[74] 肖扬. 对妇联组织变革动因及其途径的探讨[J]. 妇女研究论丛，2004(4)：39－45.

[75] 向羽，袁小良，邱俊华. “有机再造”：基层妇联组织的拓展与升级：以珠海市前山街道办妇联试点改革项目为例[J]. 中共珠海市委党校珠海市行政学院学报，2017(4)：75－80.

[76] 徐选国. 嵌入性治理：城市社区治理机制创新的一个分析框架：基于对国家—社会关系范式的批判性反思[J]. 社会工作，2015(5)：55－64，126.

[77] 徐选国. 中国社会工作发展的社会性转向[J]. 社会工作，2017(3)：9－28，108－109.

[78] 肖瑛. 法人团体：一种“总体的社会组织”的想象：涂尔干的社会团结思想研究[J]. 社会，2008(2)：39－76，221.

[79] 岳金柱. “公益创投”：社会组织培育发展的创新模式[J]. 社团管理研究，2010(4)：12－15.

[80] 仪缨. 不同的声音：一次别开生面的中国妇女组织研讨会[J]. 妇女研究论丛，1999(3)：50－53.

[81] 郁建兴，任泽涛. 当代中国社会建设中的协同治理：一个分析框架[J]. 学术月刊，2012，44(8)：23－31.

[82] 张海，范斌. 政府购买社会组织公共服务方式的影响因素与优化路径[J]. 探索，2013(5)：150－155.

[83] 张波. 群团组织协作治理：一个社会网络的分析框架：基于C市的实证分析[J]. 国家行政学院学报，2016(5)：101－105，144.

[84] 张紧跟. 参与式治理：地方政府治理体系创新的趋向[J]. 中国人民大学学报，2014，28(6)：113－123.

[85] 张康之. 合作治理是社会治理变革的归宿[J]. 社会科学研究，2012(3)：35－42.

[86] 郑杭生. 社会建设和社会管理研究与中国社会学使命[J]. 社会学研究,2011,26(4): 12-21,242.

[87] 朱晓红. 协同共治格局下妇联枢纽型社会组织参与社区服务研究: 以广东 D 市 H 家庭服务中心为例[J]. 社会工作与管理,2016,76(1): 55-60.

[88] TAYLOR B, LI Q. Is the ACFTU a union and does it matter? [J]. Journal of Industrial Relations, 2007, 49(5): 701-715.

[89] SCHMITIER P C. Still a century of corporatism? [J]. The Review of Politics, 1974, 36(1): 85-131.

[90] MCLAUGHLIN J A, JORDAN G B. Logic models: a tool for telling your program's performance story [J]. Evaluation and Program Planning, 1999, 22(1): 65-72.

[91] MILLAR A, SIMEONE R, CARNEVALE J T. Logic models: a systems tool for performance management [J]. Evaluation and Program Planning, 2001, 24(1): 73-81.

[92] 魏文一. 涂尔干社会理论中的国家观[M]//渠敬东. 涂尔干: 社会与国家. 北京: 商务印书馆,2015: 8-20.

[93] 方萍萍. 政府的自转到公转: H 省妇儿工委公益服务项目购买机制研究[D]. 湖北: 华中师范大学,2016.

后　记

本书是现代公益组织研究与评估中心关于近年来部分妇女服务类研究课题与项目评估报告的汇编，是集体智慧的结晶。全书由现代公益组织研究与评估中心理事、华东理工大学社会与公共管理学院副教授梁昆统稿，郑州轻工业大学政法学院讲师高丽，以及现代公益组织研究与评估中心兼职研究员、华东理工大学社会工作硕士生王雪飞参与了书稿的整理。现代公益组织研究与评估中心的创办人徐永祥教授和赵环博士，以及卢逸桉、徐选国、严骏夫、陈雯雯、傅晓冲、黄红、任倩囡、范文庭、李永明、李海燕、魏国超、文凤娇、谭逸丹、伍明明、周振生、黄晓欣、王琳琳、韩聪、王雪飞等都参与了部分报告的调研或写作，在此一并感谢。在本书出版之际，我们感谢民政部、李嘉诚基金会、广东省妇女联合会、深圳市妇女联合会、深圳市宝安区妇女联合会、上海市黄浦区妇女联合会、上海市浦东新区妇女联合会等部门和机构在调研和评估过程中给予的大力支持和提出的宝贵意见，也感谢参与调研的受访者。

2019 年是深圳市现代公益组织研究与评估中心成立的第十年，谨以此书纪念深圳市现代公益组织研究与评估中心的第一个十年。

内 容 提 要

本书汇编了近年来现代公益组织研究与评估中心的部分妇女服务类研究课题与项目评估报告，多角度地呈现了各地，特别是广东和上海地区在深化组织改革实践、促进女性增能发展、推动妇女儿童家庭服务等方面所取得的现实成果及其社会影响。本书的主要特点是紧扣新时代妇女工作发展方向，围绕各地，特别是广东和上海地区妇女服务的规划、研究与评估展开，既有理论层面的探讨，也有实践层面的总结。本书适合从事妇女研究的学者、妇女工作者、相关政府部门的工作人员以及其他关心妇女问题的读者阅读。